ECKHARD HENSCHEID

Erledigte Fälle

BILDER
DEUTSCHER MENSCHEN

MIT 24 PORTRÄTSTUDIEN
VON
HANS TRAXLER

HAFFMANS VERLAG

Erstmals erschienen 1986 bei
Zweitausendeins Frankfurt a. M.

Veröffentlicht als
HaffmansTaschenBuch 137, Herbst 1991
Konzeption und Gestaltung von
Urs Jakob
Umschlagzeichnung von
Hans Traxler

Satz: LibroSatz, Kriftel
Herstellung: Ebner Ulm
ISBN 3 251 01137 5

1 2 3 4 5 6 – 96 95 94 93 92 91

HaffmansTaschenBuch 137

Inhalt

»Weil sich die Menschen selbst
die größten Plagen sind«
(Albrecht von Haller, Die Alpen)

»Dort oben ist das wahre Leben!
Und uns're hier ist tief daneben«
(Franz Hohler, Die Alpen)

wg. mir!
wg. Niki Lauda
wg. Strauß
wg. Papst Woytila
wg. Böll
wg. Hitler
wg. Rommel
wg. Hess

Brauchitsch, ein deutscher Mann

Daß Eberhard von Brauchitsch sich um das Vaterland verdient gemacht hat, daß ihm schwer zu danken sei: der »Spiegel« hat es schon am 22. 10. 84 festgestellt. Selten war dem Magazin weniger zu widersprechen.

Zettels Traum: Wer hätte ahnen können, daß ausgerechnet ein Flick-Manager ohne jede erkennbare Nähe zu den schönsten Künsten dereinst Shakespeare und Arno Schmidt derart verifizieren würde? Und noch dazu vor einem Millionenpublikum, von dem Literatur sonst nur träumen kann! Alles, aber auch alles schrieb er auf, der unbezahlbare Brauchitsch, oder ließ aufschreiben, jeden Quatsch, jede kriminelle Regung, jeden Plausch mit seinesgleichen; auf daß wir und die Justiz jetzt mit dem größtdenkbaren Genuß das schlechthin Unglaubliche nachlesen dürfen, fürwahr »faszinierende Einblicke in das Innenleben der Bonner Republik« (»Spiegel«) – Einblikke, welche die aus ihnen entspringenden Skandale von Lambsdorff bis Dr. Barzel in all ihrer Pracht fast vergessen machen. Nichts, gar nichts wäre den Betroffenen je ohne das Brauchitschsche Geschreibsel nachweisbar gewesen. Die große rücksichtslose Konfession von Montaigne bis Kafka: an ihrem postmodernen Ende steht jetzt Brauchitsch; es hat schon was Grandioses.

Der »öffentliche Mensch«, den Gottfried Benn als Typus seiner Zeit und Zukunft zu erkennen glaubte – leider ist er ein Depp. Und warum wurde einer wie Brauchitsch über den Karrierestrang Springer–Flick überhaupt öffentlich = repräsentativ? Weil es schon mal einen Generalfeldmarschall v. Brauchitsch hatte und man den Namen noch im Ohr? Weil er fast zwei Meter groß ist? Weil er, nach Schleyer, körperlich-physiognomisch dem Phänotyp dessen am dümmlichsten entspricht, was sich Lieschen Müller namens Springer und Flick als den deutschen Übermenschen alias Top-Manager zusammenträumten? Man weiß es nicht und wird es nie erfahren; Brauchitschs Opfer von Dr. Flick und Dr. Kohl zu Dr. Barzel vermögen sich ja leider nicht recht zu artikulieren – aber was sie wohl heute, da alles rausgekommen, so von ihm halten? Ihm an den Hals wünschen? Die Pest? Den Schwedentrunk, daß dieser eitle Fatzke vollends an ihm platze?

Der Glaube an die Aktennotiz, und sei diese noch so brunzdumm, kann Berge versetzen; und Fleischberge in Wahnsinn. Viel spricht, nach allem, was bisher zu erfahren war, dafür, daß jene sinnlos-penibilistischen Nota über Gespräche, Geld und gutwillige Gesten Brauchitschs Hauptbeschäftigung bei bzw. wg. Flick waren. Obwohl der Mann sogar mal Wirtschaft studiert hatte. Man darf unterstellen, daß er a) nichts von ihr verstand und daß ihn b) halt auch nicht interessierte, ob die Mercedes-Aktien, mit denen alles anfing, 1984 vielleicht viel mehr wert seien als zum Zeitpunkt des Verkaufs. Brauchitsch hat schon recht: Ein rechter Lebensinhalt sind solche Banalitäten nicht – aber was sagte FKF zu einem solch gloriosen Mitarbeiter? Hat man davon auszugehen, daß auch Flicks Hauptlebensimpuls im Herumschieben von Geld und evident sinnfreien Personality-Infos besteht? Daß auch sein zerebraler Hieb schwerer ist als branchenbedingt-habituell ja ohnehin erwartbar?

Man kann im übrigen kaum Schmiergelder nennen, was von Brauchitsch da unermüdlich zum Rumoren brachte; geschweige denn, daß, Paragraph 6b hin und her, noch plausibler Zweck dahinter zu erkennen gewesen wäre. Die Eigendynamik allseitiger Infantilisierung vulgo Verblödung scheint es vielmehr gewesen zu sein, was da bienenemsig allzeit Zahlen notierte und Notizen bezahlte, in der arschdummen Meinung, diese seien von etwelchem Belang, die Zukunft wünschenswert zu gestalten – und siehe, das Saudumme selber verwandelte sich zur edlen Wahrdeuterei, ja puren Wahrheit: Geht's um ein Bild der BRD (Scham ist es vermutlich, was die DDR immer zu diesem Kürzel zwingt) der 70er/80er Jahre: kein Werk der Literatur vermag auch nur entfernt an die vielstrahlige Erhellungskraft der Brauchitschschen schriftlichen Nachlässe heranzureichen.

Was v. B. im Zusammenhang des 6b als »besonders vertraulich (möglichst nach Lektüre vernichten)« da so im Laufe der Zeit zu Papier brachte, es erscheint so romantisch-abenteuerlich daneben, daß es uns schon fast wieder anrührt: »Genscher ist bereit zu helfen. Genscher wird auf Uelzner einwirken. Die Schilderung von Genscher über Uelzner deckt sich mit unseren Erfahrungen« – ist es nicht avantgardistische Prosa und poésie pure zugleich? Gott sei Dank wird's gleich drauf wieder wünschenswert banal und brutal: »Genscher hat mir zugesagt (. . .), den Versuch zu machen, unsere Sache auf kaltem Wege zur Erledigung zu bringen.« Warum nicht gleich hitleresker: zur Ausmerzung zu bringen? Und natürlich: auf eiskaltem! »Naturgemäß konnte Genscher eine Garantie für den Erfolg nicht geben . . .«

Fast regt sich Mitleid. So viel schriftlicher Dreck für nichts und wieder nichts.

Rattenhafte Wut assoziierte Böll einst dem Staat und seinen Repräsentanten. Der haftende Geschäftsführer Brauchitsch gehört seit zehn Jahren dazu. Das Bild stimmt so nicht – oder nicht mehr –, es tritt auch der Ratte zu nahe, die ja nur im Sinne Gottes ihren genetischen

Code erfüllt; indessen der repräsentative Mensch Brauchitsch von diesem ja ganz gottverlassen weit entfernt ist – es sei denn, die Evolution selbst spielte derart verrückt, daß der deutsche Spitzenmensch, wenn schon, denn schon, dann eher der Straußschen Schmeißfliege gliche, ziellos-fleischig, wie er umeinandersurrt. Sich vorzustellen, wie es an der sicht- und hörbaren Oberfläche des Landes/Staates um Frieden, Osten, Abrüstung geht; wie im Untergrund aber, einem wahrhaft kafkaischen Bau jenseits des Auges der Öffentlichkeit, die Herren Brauchitsch, Barzel, Biedenkopf und Dr. Dr. Paul summen und brummen und keuchen und krebsen und kabbeln und knabbern wie längst nicht mehr ganz koscher –: das gibt dem öden Lebensgefühl in dieser unserer Deppenrepublik übers Erheiternde hinaus urplötzlich eine fast erhabene Substanz, jenseits der eng-rigiden beinahe eine neue Teleonomie. Hochlibidinös wurschtelt und werkelt hier die Verblödung selber vor sich hin, geblendet von einer Fixidee, nämlich einer geschwanten Hoffnung auf den drahtziehenden Durchblick der Elite eo ipso oder weiß der Kuckuck. Daß z. B. in der Herrschaft der CDU das Heil sei – und heiße es auch Kohl. Als ob, nebenbei, das sog. Großkapital (für das man schleunigst einen neuen Namen wird suchen müssen, etwa: Gruppe Zeitvertreib) – als ob dies sog. Großkapital nicht sogar besser unterm Panier der Sozialdemokratie gediehe! Weil's dann nach Adam Riese schon überhaupt keine Kontrolle durch Opposition mehr hat!

Matthöfer jedenfalls, wäre von wegen 6b nicht vor gut zwei Jahren alles nolens aufgekommen, hätte volens nichts entlarvt.

Die zahlreichen Fotos, die Brauchitsch mit Kohl, Biedenkopf und anderen seinesgleichen zeigen, sie sind studierenswert, ja ein bißchen unsterblich, annähernd mythisch. Der große Brauchitsch, wie er gönnerhaft z. B. auf Biedenkopf einlacht. Der Kleine ist zwar nix geworden, sondern nur Professor, aber zur Kompensation schmaucht er ein Pfeifchen und kann auch schon so fies grinsen, daß ihm der Riese gnädiglich sein Geldohr leiht. Studierenswert auch die Original-Kopien der Brauchitsch-Notizen. Der reine Unfug, nach 1., 2., 3., 4., 5. gegliedert, als ob dieser Schleimwelt noch irgendwelche Ordnung beizubringen wäre – ja, Deutschsein heißt eine Kacke um ihrer selbst usw. –, nur im Zurücktreten sind diese Deutschen wenig preußisch, sondern lieber balkanisch-bayerisch – und dann die zentrale Frage Brauchitschs schon 1973: »Wo ist Führungspotential K. (= Kohl)?« Richtige Antwort: »Kein anderer da.« Genau. Sogar die schiere Wahrheit kommt unterm Joch von Brauchitschs Schreibzwang immer wieder raus – und daß am äußersten Rande des ganzen grauslichen Unflats auch noch (mit der satten Erpressung von einer Mio. jährlich) der Medienhändler Ferenczy mitwieselt und mitwissert – ist es nicht nochmals unbezahlbar (selbst durch Flick) und der knallheißeste Herbst seit zwanzig Jahren?

Sogar »Bild« sprach tagelang ungeschminkt von Dreck und Schleim und Korruption – man kommt ja fast vor lauter Sinnesrausch mit seinem Weltbild durcheinander ...

Brauchitsch: Der Typus ist mit »Herrenmensch«, mit »Pseudo-Elite« oder »autoritär-kryptofaschistische Persönlichkeit« unzulänglich beschrieben. Am ehesten dürfte er all der Genannten Simulateur, ihr Abklatsch und schlechter Mythos sein – nein, sagen wir's andersrum: Schön zu sehen, schön zu wissen, daß einer fast zwei Meter hoch werden muß, um derart möglichst ragend die rumpelstilzchenhaft explodierende Nichtigkeit der Res publica eben dieser vorzuführen. Wollte, nochmals, dieser öffentliche Mensch insgeheim und in Wahrheit Schriftsteller werden? Der Eindruck immerhin drängt sich auf, daß Flicks bester Mann auf nichts so stolz war in seinem lärmigen Leben wie auf seine nichtsnutzig geheim stillschweigenden Schwernotizen. Doch, doch, man muß ihn wirklich liebhaben, den Brauchitsch-Wackel. Es ist alles fast zu schön.

Leid tun müssen einem da nur die FAZ-Herausgeber und ihre leitenden Redakteure. Die, nachdem Strauß nicht tolerabel war, Kohl unterm Strich ist und Schmidt nicht anging, allnun mit dem Zusammenbruch der Brauchitsch, Barzel, Biedenkopf wohl endgültig ihre Sehn- und Ich-Ideale dahinschwinden sehen, jene tapferen Schimären vom sauberen Großbürger und von der exemplarischen nationalen Elite, von welchen beiden sie, in die Trostlosigkeit der Hellerhofstraße hinausstarrend, seit ca. Adenauers Tod träumen. Es hat nicht sollen sein – »ein reinigendes Gewitter« (Barzel) von öffentlicher Epiphanie hat es verhindert – requiescat in pace.

Froh sein müßten die deutschen Komödienautoren, so es welche gäbe. Aber vielleicht, jetzt, da Brauchitschs Nachlaß weitgehend publik ist und nur noch aufs Abschreiben und ein paar redaktionelle Eingriffe wartet, vielleicht wird ja einer geboren und läuft zu großer Form auf.

Abschied von Genscher

Frühjahr ’85, hat er seinerzeit entlastend angekündigt, werde er den FDP-Bundesvorsitz niederlegen. Je näher der Termin rückt, spürt unsereins um so schmerzender: daß er uns fehlen wird.

Wie denn das auf einmal? Wollte er uns nicht gerade mit seinem Abschied für jahrzehntelanges, geduldiges Ausharren ein wenig schadlos halten?

Nah hintereinander haben sich zwei politische Belletristen Hans-Dietrich Genschers analytisch angenommen. Im »Freibeuter« Nr. 14 beschrieb ihn Thomas Schmid als das leidenschaftslos tönende »Nichts«; im »Merkur« Nr. 425 fand Karl Heinz Bohrer für ihn die Formel des »Zombie«: des »Untoten« in »buchstäblicher Un-Menschlichkeit«; sozusagen der quietschlebendigen Leiche auf Sprungfedern.

Beides sicherlich nicht verkehrt. Nur fehlt mir persönlich bei dieser Deutung doch sehr a) der Sack an sich und b) jenes spezifisch Rucksackmäßige, mit Worten schwer fixierbare Geschmeidige, ebensosehr wie das überdauernsmächtig Kugelrunde, dies nichtsterbenkönnend Hauruckmäßige, jenes Frohsinn und Chuzpe unnachgiebig und blindlingisch noch in den Flick-Ausschuß Hineinschleppende, das uns Medialteilnehmer unsererseits mit Lebensmut und –

»Es gibt doch eine ganze Latte politischer Halbleichen bis Leichen, die hier auf Kabinettsposten herummodern« – nein, falls Joschka Fischer da auch und primär an Genscher gedacht haben sollte, hätte auch er nicht so ganz recht, nein, es ist schon vielmehr etwas springlebendig

Porträtstudie eines sackartigen Mannes

Maustotes, was da paradox und fast human an Genscher herum und von ihm abschimmert – und über den Schmid-Bohrerschen Befund der advokatisch geprägten Funktionärsnull führt andererseits auch schon Möllemanns dankenswerter Report hinaus: Genscher pflege regelmäßig an Sonntagnachmittagen, da er offenbar nicht mehr wisse, wohin mit sich und seinem vitalen Elend, bei Möllemanns anzuläuten; zu erfragen, was die Kinder so machten, wo sich politisch irgendwas rühre, das der Mühe wert sei, unter Kontrolle genommen zu werden. Möllemann: »Da lassen wir die Erdkugel nur so tanzen.«

Sicher, einerseits fällt es nicht leicht, in Genscher nicht einen ferngesteuerten Automaten in Tun und Rede zu sehen – und doch – nein, ich finde bzw. ahne, Genscher verfügt über durchaus interessante menschliche Züge, und seien's infantile, ja fast kindliche; z. B. eben den Glauben daran, daß dem Politikerdarsteller seiner Artung die Zukunft gehöre. Und möglicherweise hat er damit sogar auf vertrackte Weise recht, und Thomas Schmid sehr unrecht, der in ihm ein »auslaufendes Modell« sieht. Gemessen an der haltlos-blindwütigen Dynamistik der Nachfolgegeneration der Möllemanns (die nicht einmal im Zweifelsfall den Rand, wenn schon keine politische Position halten kann) strahlt der Typus Genscher (falls er denn kein Unikat ist) abermals mild und abendlich im Licht der ohnehinnigen Wahnhaftigkeit des Politischen – zu schweigen von den Kohls, dem reinen Nichts als dem reinen Sein. So wie selbst Gremliza noch scheidet zwischen dem »Hanswurst« (Kohl) und dem immerhin »Hans-Dietrich«, genau in diesem Maße wird er uns vermutlich bald mangeln und abgehen als ein wahrscheinlich schon wieder schwindender Phänotyp und vor allem als ein letzten Endes hochqualifizierter Mitarbeiter am medialen Unfug. Fehlen wird uns das mythosstiftende Zusammenspiel seiner 13 Stirnfalten mit den Kugeln seiner aufgerissenen, fast ernsthaft fragenden Augen, deren müde Verkniffenheit so virtuos Kniffligkeit der anstehenden Probleme und Pfiffigkeit des an sich leeren Kopfs auszudrücken von diesem beauftragt ist, von den riesigen Lauschern aus Platzgründen hier gar nicht zu reden – ja, Form ist alles, nichts der Gehalt; wir leben in der Ära Becketts.

Und, einem französischen Rigorosdenker nach zu schließen, in der der universellen politischen Simulacra. Baudrillard scheint Genscher nicht zu kennen, er hätte ihm sonst sicher ein Kapitel seines Hauptwerks zugeeignet – und ergiebig wäre sicher auch mal eine Untersuchung der Wandlungen Bonns seit Adenauers Zeiten unter zitat-mnemistischen Gesichtspunkten: Von Adenauer lebt zumindest der Untergang Deutschlands durch die Sozialdemokratie fort; von Brandt das Wagen von mehr Demokratie; von Höcherl die wunderschöne Befindlichkeit etwas außerhalb der Legalität. Noch Barzel und Kiesinger trugen ihr Scherflein mit »So nicht!« und »Ich sage nur: China!« bei – und Genscher? Kein Genscher-Spezialist vermöchte aus dem jahrzehntelangen Gewaafe heraus auch nur sinngemäß einen Merksatz herzubeten, er müßte schon ein Archiv zu Rate ziehen. Ein Dunkelmann der wahrhaft inneren Emigration? Ein Schamvoller, dem Einblick in die eigene seelische Architektur nobel gebietet, wennschon-dennschon, so doch wenigstens nichts irgend Eingedenkenswertes preiszugeben? Jedenfalls ein aktueller und vielleicht futuristischer Typ, der, wie Mackie Messer, nichts sieht und der nichts weiß.

Bzw. umgekehrt: eben alles weiß. Aber das Verschweigen wenigstens eleganter, virtuoser betreibt als die Bonner Restpfeifen. Speziell in der Flick-Sache z. B. scheint sich in Bonn die Technik einer neuen Rhetorik des Verschleierns, Wegwiegelns und Themaverfehlens als empfehlenswert herumgesprochen zu haben. Kohl etwa, nach Schmiergeldern befragt, dröhnt etwas von der Verantwortung des Olympischen Komitees; Barzel seimt von »Steuerharmonisierung«, an welcher er beim Dr. Paul in Frankfurt laboriert habe; wie diese beiden entsinnt sich Genscher mehr oder weniger an nichts – aber dies fast glaubwürdig: »Die Sachverhalte liegen zum Teil Jahre zurück (...) und die eigene Erinnerung ist inzwischen vermischt mit späteren Erkenntnissen aus Publikationen und aus Gesprächen«. Erkenntnisse – Publikationen – Gespräche: wunderbar. Im übrigen gilt für etwaig Unsauberes an Spenden: »Wir haben dies im Bundesvorstand und im Präsidium bis zur Stunde nicht erörtert.«

Ein subtiler Ironiker. Und so was soll den tumben Bangemann als Nachfolger kriegen? Ähbäh.

»Dieses Land ist nicht in Ordnung«, dekretierte Rainer Barzel kurz vor seinem Fall: »Es muß wieder ehrlicher zugehen in Deutschland, bescheiden und wahrhaft.« Ein solcher Satz wäre zwar Genscher nie aus dem nachdenklich geschürzten Mund und den sehr schönen Nasenlöchern geschlüpft (erstaunlich, nebenbei, daß ein zur Gänze abgefackter Profipolitiker wie er zwar zur konventionell »politischen Analyse« nichts mehr hergibt, sehr wohl aber zur ästhetischen sich noch nützlich machen kann; die schon erwähnten Ohren Genschers harren z. B. immer noch einer umfassenden Deutung ...) – nein, derartige Frivolitäten waren Genscher immer erfreulich artfremd – und doch, jetzt, da's fast zu spät ist, verdichtet sich der Eindruck, wenn einer, dann erfüllte allzeit er das rigide Barzelsche Postulat. Irgendwie ist die Integrität, wenn irgendwo, bei Genscher noch zu Hause. Und die Identität des Entischen sowieso.

Bohrer: »Wie ist dieser Außenminister, der unter Verdacht zu stellen ist, ein Zombie zu sein, wie ist dieser Vorsitzender seiner Partei geworden? Durch Intrigen? Hat er sich hochgedient? Oder war einfach kein anderer da?« So wird's gewesen sein, und daß Genscher keine Sekunde seines Lebens wußte, was denn nun der Liberalismus eigentlich sei, dergleichen Bagatellen hatten schon Scheel nichts geschadet (und so genau wird es auch Dahrendorf nicht wissen). Thomas Schmid plädiert dafür, Genschers Liberalismus sei der »pure Wille zur Macht« und ebendieser sei »nach allen Seiten hin offen. Und in seinem Zentrum befindet sich Nichts.« Mag sein, und dieses Nichts hieß dann lange Zeit »Taktik«, und sicherlich hielt Genscher so lange an diesem seinem Vermögen zum sog. Taktieren fest, bis er's selber glaubte und es für was Geniales hielt – und ebenso sicher wunderte er sich dann höchlichst drüber, als dies Taktieren sich 1982 ff. als jenes pure »Ungeschick« herausstellte, das z. B. Michael Rutschky als die universelle Struktur der 80er Jahre zu erkennen meint –

– sicherlich ist da auch und selbst bei Genscher etwas enorm Tölpelhaftes am Wirken und im eigentlich prima funktionierenden Regressivhirn durcheinandergewürfelt worden –

– indessen, wenn es jetzt plötzlich Abschied nehmen heißt von Genscher, dann braucht man sich zwar keineswegs, wie der »Rheinische Merkur«, Sorgen zu machen um »Genschers Einsamkeit«; wohl aber um die eigene und fortschreitende. Zwar habet dies zum Trost: Der Nachfolger Bangemann scheint nicht ungelehrig: »Um so mehr brauchen wir jetzt alle Geschlossenheit, deren eine liberale Partei fähig ist.« Aber irgendwie könnte das natürlich ein Papagei auch in der Wüste grunzen, es fehlt der Sound, es fehlen ganz des Vorgängers Anmut, seine Würde – und so nehmt denn dies zum zweiten, stärk'ren Troste: Den Außenminister, den werden wir behalten. Er soll sogar, erzählt uns der »Spiegel«, ein ausgezeichneter Außenminister sein. Weiß man's? Im Zweifel aber sei Euch dieser dritte stärkste Trost zuteil: Schon heute macht sich die »Zeit« Gedanken darüber, ob uns die »Koalitionseiche Genscher« (eine wahrhaft wie geeicht an Genscher vorbeisegelnde Politmetapher!), ob uns Genscher nicht vielleicht, wenn alles gut gehe, warte nur balde, doch sogar als – Parteivorsitzender erhalten bleibe. Darauf wird es wohl hinauslaufen. Denn dies ist ja nicht allein eine Genschersche Konstante, dies scheint das eherne Gesetz der Zeit zu sein: 1. Grundsätzlich bleibt schon mal alles beim alten. 2. Das, was zurücktritt, bleibt trotzdem und item auch: Der Vorsitzende Möllemann bleibt Staatsminister; der Präsident Barzel bleibt Abgeordneter; Genscher, nach seinem Abschied, bleibt uns da erst recht. Denn so sollen, laut Tschechow und Helmut Kohl, ja moderne Abschiede sein: nichtig und nichtsnutzig wie die Anwesenheit vorher ja auch. Wundersam-tröstliches Gesetz in nur scheinbar unstet-ruhloser und schnellebiger Zeit. Hermann Broch am Schluß seiner »Schlafwandler-Trilogie« ahnte es glatt voraus: »Tu dir kein Leid! denn wir sind alle noch hier!«

Barfuß auf den K2: Die zwei häßlichen Schneemenschen

Gesucht und gefunden: Herzog und Messner

Früher oder später hat es passieren müssen. Daß einer, der aus der Welt der Gipfel kommt, nach Absolvierung der Filmhochschule auf dem Gipfel seiner Künstlerschaft wieder zu seinen Ursprüngen zurückfindet, indem er sich mit der Welt lästigstem Gipfelstürmer zusammentut. Daß einer, durch dessen Werke fortschreitend die als Utopie vom unbeschädigten Leben getarnte Idee des Heimat- und Bergromans schludert, sich jetzt so offen zu jenem Berg bekennt wie jener Sektpromotor auch, der, dem horror vacui zu entgehen, einst den Mount Everest sogar ohne Sauerstoffgerät schaffte; vom Hirn mal ganz zu schweigen. Und einleuchtend auch, daß jener letztere in den Weltvernebelungen und Kunstverwehungen des ersteren sein eigenes Ego-Ideal so hundertprozentig wiedererkennt, daß man ab sofort die Welt gemeinsam terrorisieren will.

Der Presse war kürzlich zu entnehmen, daß der ältere deutsche Jungfilmer Werner Herzog und der Extrembergsteiger Reinhold Messner am K2-Gipfel im Karakorum-Gebirge (8611 m) ihren ersten gemeinsamen Spielfilm drehen wollen: »Die Tränen der Götter«, wessen denn sonst, nein, kleiner machen sie's nicht.

Zu zweit wird jetzt die Sau voll rausgelassen.

Schon sind eindrucksvolle Fotos des neuen Traumteams vor Achttausender-Kulisse zu sehen: zwei bärtige Vitaliker, wie der neuesten Zigarettenwerbung entsprungen, welche ja wohl tatsächlich vorher schon zumindest den haarigeren der beiden als allerneuesten Leithammel assimiliert hatte. Und auch die ersten Statements machen sich gut. Der K2 sei ein »Bauplatz Gottes«, die Gegend sei »tot wie auf dem Planeten Jupiter, der Himmel schwarz wie das Weltall« (Herzog). Gesucht und gefunden haben sich auch in ihren eigenen Augen jene, die dem Bauplatz Gottes jetzt intellektuell und mit Kameras versehen zu Leibe zu rücken gedenken. Herzog über Messner: »Mir war schon immer klar, daß sich unsere Wege eines Tages kreuzen würden.« Messner zu Herzog: »Du bist der einzige, der das Thema ›Berg‹ richtig behandeln kann.«

»Der Filmkünstler W. Herzog ist schon ein paar Filme zu viel gelobt worden«, schrieb die »Titanic«, die gemessen an ihrer Ahnungs- und Einsichtsschärfe viel zu selten zitiert wird, schon vor Jahren: »Das hat ihn in einen Zustand versetzt, den das Wort Größenwahn noch sehr verniedlicht.« Der »infernalische Medienrummel« um eine »schweratmig-verschwitzte Viecherei« hatte damals dem Film »Fitzcarraldo« gegolten, der, wie etwa auch »Herz aus Glas«, das große Thema Berg bereits mutig antippte. Jetzt, nach kurzen Abstechern ins grünlich Ameisenhafte und in den moskitogequälten Untergrundkampf der Miskito-Indianer, glaubt Herzog sich im Verein mit Messner ihm vollends gewachsen. Ein Kreis schließt sich, zurück zu den Origines – ja, reißt denn kein Mensch oder Gott, der die Inhaltsangabe des K2-Films z. B. im »Spiegel« liest, die beiden Bergkünstler vor diesem unheilvollen Abgrund zurück, der da in Gestalt der verzweifelten Suche nach dem am Nanga Parbat verschollenen Bruder R. Messners so göttergeil wie tosendtrivial sie angähnt?

Zu erahnen war das Unheil freilich schon lang; schon vor dem wohl eher zufällig eindrucksvollen Herzogschen Kaspar-Hauser-Film. Vermutlich spätestens von da an, als Herzog bei Eis und Schnee von München nach Paris marschierte, um so die kranke Filmhistorikerin Lotte H.

Eisner »durch die magische Kraft dieser Anstrengung von schwerer Krankheit und Entmutigung zu heilen« (so neulich und offenbar definitiv V. Schlöndorff im »Spiegel«) – spätestens von da an gab es für den als Filmemacher verkleideten Menschheitsweiser kein Halten mehr – und, richtig, irgendwann, spätestens in der Midlife-Krise mußte er dann auf jenen gleichgesinnten Extremisten Messner donnern, welcher über seine Erfahrungen in der 8000-Meter-Region inzwischen auch schon Sätze von sich zu geben versteht, die von Herzog sein könnten, wenn sie nicht sowieso von irgendeinem christlichen Mystiker gestohlen wären: »In den Momenten, in denen wir zu sterben scheinen, werden wir wie neu geboren.«

Genau. Vor allem, wenn ein Schluck aus der Deinhard-Lila-Flasche dem Paradox zwischengeschaltet ist.

Unschwer ließe sich hier anheben, abermals über die dem ewigen Deutschen offenbar ewiglich anhängliche Irrationalitätsverschworenheit zu spekulieren, deren Name noch immer und vor allem »Berg« heißt. Fruchtbarer ist vielleicht eine andere Spur von Spekulation, die freilich auf erhärteter Empirie fußt: So wie sich Messner und Herzog eines unglücklichen Tages treffen mußten, so bewegten sich ja schon immer Große der Welt nornenfädengezogen aufeinander zu; es ist schon so. Erinnern wir uns: Es mußten sich eines Tages zwei so überdurchschnittlich unterbegabte Langweiler wie Grass und Schlöndorff finden – und es mußten sich zwei so überragende Erotiker wie Driest und Romy Schneider bzw. G. Landgrebe über den Haufen rennen. Keinem Dümmeren als Orson Welles blieb es vorbehalten, Franz Kafka erst so recht eigentlich zu entdecken – es sei denn Jean-Marie Straub; doch, der versaute ihn dann noch vehementer. Um Mozart bewarben sich im letzten Jahrzehnt gar zwei – und besonders kongenialen Geistes: der Filmer und Gottnichtfinder Bergman sowie der elementare Krachmacher Zadek – und wenn es nach der »Frankfurter Rundschau« gegangen wäre, dann hätte kurz vor seinem Ableben auch noch R. W. Fassbinder auf Tristan-Ebene mit Wagner kopulieren sollen, weißgott, wir hätten's gerne noch erlebt.

Ja doch, schon immer suchten die Großen zur Steigerung ihrer Größe die kongenialen Partner, die Welt im Duett aus den Angeln zu heben. Spätestens 1794 war für Goethe Schiller fällig, 1909 für R. Strauss Hofmannsthal. Kaum 70 Jahre später kooperierte Erich Mende mit Bernie Cornfield, konspirierte Paul Breitner mit Mao, konfusionierte der SPD-Kanzler Schmidt mit dem internationalen Vortragshonorarkapital. Es ist schon so: Ohne Peek kein Cloppenburg, ohne Pilzer kein Pelzer, ohne Buonaparte kein Napoleon.

Dennoch, die neugegründete Herzog/Messner GmbH überragt all die Genannten noch um ein gutes Stückchen – und sollte allerdings als derart exzellierende künftighin beispielgebend sein. Hinsichtlich anderer Idealteams. Als da wären? Nun, für das vielfach empfohlene Topteam Kohl/Derwall scheint es momentan zu spät, auch hat ja Kohl in Boenisch einen fast gleichwertigen Partner gefunden; einen, den man vor drei Jahren auch noch als atemberaubend empfunden hätte. Wer aber könnte sich des ausgereiften Rainer Barzel annehmen? Je nun, nichts spräche eigentlich gegen einen Traumpartner namens Peter Handke, dochdoch, der Tonfall, die seimig verschnarchte Gesinnung kommen sehr schön und komplementär aufeinander zu – während man den General Bastian auf der anderen Seite wieder lieber statt mit Petra K. Kelly mit Luise Rinser verheiratet sehen möchte, wenn's nach mir ginge, und wenn der General nächstens dankenswerterweise seine Schrauben vollends zu lockern geneigt wäre . . .

Jawohl, im Zeitalter des »metaphysischen Unfugs« (K. Kraus), nämlich des allseitig Medialen, ist eben alles ganz besonders »freundlich wohlwollend verbunden / Bietet sich tröstend und trauernd die Hand / Sind durch die Nächte die Lichter gewunden, / Alles ist ewig im Innern verwandt« (Brentano). Eben. Und deshalb wird auch kein anderer als Klaus Kinski in den »Tränen der Götter« den verschollenen Messner-Bruder spielen.

Bleibt nur die bange Doppelfrage: Wohin a) mit Luis Trenker und wohin b) mit Walter Scheel? Der Fall Scheel ist schwierig. Er kann, da er mit Horten neulich schon bei den Salzburger Festspielen einig wurde, eigentlich mit niemand mehr zusammentreffen, einfach weil er mit allen schon mal vollinhaltlich zusammengetroffen ist. Denkbar wäre allenfalls noch das Traumteam Scheel/Ed von Schleck als Krönung und Apotheose der 80er Jahre – – es sei denn, und damit kommen wir definitiv zurück zum Bergfilmsteigerischen, es sei denn der späte Thomas Bernhard entdeckte über das Medium Berg endlich seine Wahl-, ja Traumverwandtschaft mit dem noch späteren und schon genannten Luis Trenker. Zu kühn, um wahr zu werden? So erregend, daß selbst die Liaison Messner/Herzog vor ihr verblaßte?

Nun, mir jedenfalls scheint, daß Trenker inzwischen reif genug ist, Bernhards oft genug gehörte Zentralbotschaft in ihrer ganzen Geistesschärfe voll zu begreifen – den Titel des ersten gemeinsamen Opus sehe ich auch schon genau vor mir, »Der Berg als infernalische Kardinalgemeinheit« – und sollte es tatsächlich dahin kommen, daß dieses Bergduo das Herzog/Messnersche an Spektakelkraft glatt ausbootet: Von mir aus spräche nichts dagegen, wenn, gewährt mir die Bitte, die beiden Himalaja-Esel im Bunde Bernhard/Trenker den Dritten und Vierten abgäben – und warum sich dieses alpine Quartett dann nicht kraft des am Thema »Berg-Berg« (A. Leobold) ja gleichfalls stark interessierten P. Handke zum Quintett erweitern sollte, das ist heute schon nicht mehr einzusehen. Vorausgesetzt (und darauf bestehe ich allerdings), daß Handke i. A. Herzogs eine Lokomotive auf den K2-Gipfel hinaufzieht, in deren Führerstand pfeilgrad und arschgemütlich jener Luis Trenker sitzt, der mir für die fernsehweltweit übertragene Einfahrt in den Schrottplatz Gottes unter den fünfen doch die letzten Endes vertrauenswürdigste Führernatur scheint.

Beeilung ist allerdings geboten. Trenker ist nicht mehr der Jüngste.

Gottes Pfeife

Die grafische Aufmachung der »Bild«-Zeitung war schlechthin genial. Zu sehen war ein Großfoto der sog. Sexnudel Elisabeth Volkmann, der soeben eine Brustwarze aus dem Kleidchen springt; kleiner darüber ist der Kopf von Pfarrer Sommerauer abgebildet – ein roter Pfeil fährt schnurstracks von Sommerauers Augen auf die Volkmann-Warze. Wurze zu Warze. Was war geschehen?

Frühjahr 1984 wurde von unzähligen Journalen abermals die Frage angeschnitten, ob es denn wirklich gut sei, daß sich Frauen dauernd nackt fotografieren lassen – das heiße Thema wurde auch in irgendeiner BR-Talkshow aufgegriffen, Gäste waren Volkmann und Sommerauer – auf dem Höhepunkt der Kontroverse springt die Volkmann auf, fuchtelt erregt mit den Armen – und siehe, schon kommt das Mäuschen hervorgehupft und wedelt dem Geistlichen vor dem Kohlrabi herum. Angeblich wurde Sommerauer zornig, angeblich tat es der Volkmann leid – zuletzt aber, so »Bild«, stellte man fest, daß man letztlich doch viel gemeinsam habe.

Ob der TV-Schmäh nur zwischen der Volk- und dem »Bild«-Fotomann abgekartet oder ob auch Sommerauer eingeweiht war und voll mitspielte: auf kam nie etwas. Fest steht aber, daß Sommerauer schon vorher einmal, 1977, stark mit dem Busen befaßt war: als er nämlich (die Älteren erinnern sich) in seiner damaligen TV-Serie »Pfarrer Sommerauer antwortet« mehrere Folgen hintereinander über Busengrößen (»vier oder sieben oder neun«) und die damit verbundenen Probleme sich äußerte – vor Stolz prunkend ob seiner Kühn-, ja Vermessenheit, derartig haarige Glaubensdekolletés anzugraben. Fest steht des-

Pfarrer Sommerschleimer hat wieder einen Klassebrief in der Post

halb auch, daß keiner so geeignet war, das Busen-Gaunerstückchen von 1984 mitzubestreiten, wie der christliche TV-Schrat aus München.

Denn Sommerauer ist seit gut 20 Jahren derart integral blindwütiges TV- und Medienwesen, daß er im Zweifelsfall auch schon mal seinen Herrgotten vergißt und fünfe gerade sein läßt; und vor allem, daß er es schon selber nicht mehr weiß.

Dabei schien es 1978, mit dem Finale seiner vorher mit Klauen und Zähnen verteidigten Kasperliade »Pfarrer Sommerauer antwortet«, als ob der Ofen erst mal aus wäre. Nix war. Kaum war der Unflat ausgelaufen und verkohlt, schon reckte Sommerauer in alle Talkshows sein längst kamerasüchtiges Rundhaupt – und wurde wie bestellt zum »Bild«-Leitartikler bestellt; in welcher Eigenschaft er satte Kolumnen von ca. 12 Zeilen schrieb, solche, in denen er z. B. gegen die Unbill von Tarifkämpfen das schöne Wetter ins Feld führte, sowie den hoffnungsträgerischen Fakt, daß man sich heute immerhin aufs Schlagerspiel HSV-Bayern freuen dürfe. Auch für Burdas »Freizeit-Revue« publizierte der mediale Gottesmann Einleuchtendes: »Wo bleibt«, frug er angesichts der EG-Abfallhalden, »wo bleibt der Respekt vor Gottes Schöpfung?« Derart konnte nicht ausbleiben, daß die Erlangener Theologische Fakultät dem Kregelsten des waltenden Gottesstaats die Ehrendoktorwürde verlieh; ob seiner Verdienste um die zeitgenössische Vermittlung des Evangeliums.

Es folgten »Sommerauers Lesebuch-Geschichten mit Gott und der Welt«, »Pfarrer Sommerauers königlich-bayerisches Kochbuch«, Hörspiele, ein Volksstück – im Spätherbst 1984 aber lief dann unser Mann wieder zu einem TV-Spitzeneinsatz auf. Zu Allerheiligen laberte er innerhalb einer höllischen Schnickschnacksendung »Unser Wald soll leben« über dessen Kraft. Drei Tage später antichambrierte er im Rahmen einer ARD-Selbstgratulationscour als verkleideter Weltraumfahrer (als Lembkes Rateteam ihn rasch entlarvt hatte, war der von seiner eigenen Redseligkeit Berauschte kaum vom Bildschirm zu entfernen, der nächsten Plage Platz zu machen). Und noch in der nämlichen Woche war unser Gottesknecht in einem ARD-»Problemgespräch« namens »Mangel an Liebe« zu vernehmen, in welchem gleich (Premierenapplaus!) drei Moderatorinnen besinnungswütig herumagierten, Sommerauer aber mutig gestand: »Ich leide nicht unter Mangel an Liebe.«

Die erfuhr er dann prompt ganz besonders wieder zu seinem 75. Geburtstag am Nikolaustag, als ihn die ganze Nationalpresse hochleben ließ, besonders innig und plausibel aber eine Seite lang »Bild am Sonntag«; aus dem Munde nämlich von Deutschlands widerlichster Journalistin, Ingrid Gallmeister (im Kotzbrock-Genre fügt sich eben alles wundersam), die kraft Balkenüberschrift Sommerauer auch gleich noch mit der »Denver-Hexe« Collins kopulierte – derart Sommerauers alte Busenanfälligkeit zitierend ...

Was Wunder, daß der so Geliebte rechtzeitig zu Weihnachten auch gleich noch eine printmediale Schwarte nachschob: »Es begab sich aber ...«, die Weihnachtslegende neu erzählt von Pfarrer Sommerauer. 108 Seiten. 24,80 DM.

Es begab sich aber, daß ich meinerseits den TV-Pfarrer Adolf Sommerauer schon 1978 portraitierte, nämlich in einem der TV-Wirklichkeit sehr direkt abgeschauten und abgelauschten Romankapitel, nämlich im Kontext der seinerzeitigen Busenprobleme – und eigentlich dünkte mich dieser sog. Geistliche damit erledigt. Warum komme ich hier noch einmal auf ihn zurück?

Nun, ich denke 1. die Totalität des Medienfexen ist inzwischen noch totaler, gruseliger, dämonischer geworden; und 2. fürchte ich, das damalige Romancapriccio war (und das todsichere Gelächter bei Lesungen bestätigt es) bei aller Erbarmungslosigkeit im Detail viel zu fröhlich und anheimelnd, als daß es die ganze Grauenhaftigkeit, ja Pestilenz dieses älteren Gottessohns adäquat aufs Bild gebracht hätte; mea culpa.

Es ist ein Elend. Denn natürlich ist dieser kugelrunde Platzhirsch nicht nur gräuslig und grauslich, sondern eben auch komisch und ein humoristischer Kasus; und vor allem west er natürlich als Opferlamm des vulgären Mediallebens, das schon stärkere Köpfe als den seinen verdreht und hingerafft hat. Wenn er grämlich-quengelnd (und deshalb offenbar bei den Deppen Vertrauen findend) von »seinem Herrgott« redet, mit dessen gekreuzigtem Sohn zusammen er sich am liebsten am Schreibtisch fotografieren läßt: dann denkt er inzwischen unvermeidlich an die Film- oder wenigstens Foto-Kamera. »Jeden Abend sieht er fern, querbeet« (BamS) – auch passiv ist er voll dabei; aber andererseits wieder: Ist dieser sich selbst als Urgewalt von Gemütlichkeit und geistlicher Vitalität mißverstehende Medienkretin nicht trotzdem eine runde, pittoreske und letztlich also dankenswerte Figur? Sub specie aeternitatis vielleicht sogar eine von irgendeinem Deus absconditus gesegnete? Aber dritterseits: Ist ein Pfarrer, der für »Bild« schreibt, am Ende und jenseits aller Lachhaftigkeit nicht wirklich des Teufels?

Gewiß, recht eigentlich ist Sommerauer eh kein Pfarrer, so wenig, wie man ja je erfährt, welchem »Glauben« diese Gottespfeife präzise dient: Sind es die vatikanischen Banditen rund um Wojtyla und Marcinkus – sind es (dafür spräche die Ehefrau Gertrud) eher die protestantischen EKD-Schnarchsäcke? Offenbar versteht Sommerauer seinen göttlichen Auftrag vermehrt als den eines ohnehin freikonfessionellen Schleimbeutels katexochen und überökumenischer Richtung – eben als den eines Medienfaxenmachers sui generis: als den eines Fernsehpfarrers neben dem des sog. Wetterpfarrers und dem des sog. Motorradpfarrers aus Schweinfurt (doch, den gibt's auch, der ist sogar noch eine Idee ekelerregender als Sommerauer) –

– allein, in diesem Dschungel aus Folklore, TV und Gottesgnadentum wuchert etwas heran, in aller Harmlosigkeit und inmitten pudelwohl sich fühlender Verwahrlosung, etwas noch jenseits der geläufigen Medienabläufe, etwas noch jenseits von Drecksgesinnung und Zynismus, das noch nach einem Namen sucht. Ist »Die Banalität des Bösen« zu hoch gegriffen? Nicht rätlich ist es, den Kasus zu unterschätzen; er ist so diffizil wie symptomatisch. Gewiß, unser Mann war schon immer gaga – im Fernsehen fand er seine Bestimmung und wurde es komplett –, die Dämonie der Dummheit, die den Behexten umtreibt, wird aber besonders sinnfällig dann, wenn der sog. Pfarrer in irgendwelchen Pläuschen mit irgendwelchen Managern, Sportidioten und Volkmanns sich sogar noch am vergleichsweise zurechnungsfähigsten äußert! Es ist aber all's eins und eh wurscht – und sicht- und hörbar wird nur noch die allgemeine (weniger Verfinsterung als) Verdumpfung des Lebens selber: der kleine, alte, knödelartige Mann mit dem reisig bebenden Haarschopf, der freislichen Nase und der andererseits wieder unbezahlbar grämelnden Jammerstimme, die für das Gotteszutrauliche in wie gehabt allzeit leidvoller Welt einsteht; zwischen allen Quatschköpfen der Welt der Stumpen immer und ewig mittendrin – und so er denn wirklich eines gesegneten Tags verschwände, weil er die Gottesmutter allzu leidenschaftlich am Busen gepackt: – käme nicht mit sterbensmäßiger Gewißheit ein noch tödlicherer nach?

»Glücklicherweise«, schreibt W. S. Maugham, »wissen die Menschen nicht, wie dumm sie sind, sonst müßte die Hälfte der Menschheit Selbstmord begehen.« Die Hälfte? Ach was. Sommerauers Beliebtheit dürfte die 90 Prozent streifen. »Die Dummheit«, tröstet Chr. M. Wieland die restlichen 10 Prozent, »hat ihr Sublimes so gut als der Verstand, und wer darin bis zum Absurden gehen kann, hat das Erhabene in dieser Art erreicht, welches für gescheite Leute immer eine Quelle von Vergnügen ist« (Die Abderiten) –

– jaja, derlei sagt sich leicht und flüssig, nein, zu erledigen ist weder die Dummheit in toto noch ihr geistlichster Vertreter in nuce – und diese resignative Erfahrung blieb nicht mal Horst Tomayer erspart, als er im Rahmen seiner »Deutschen (Telefon-)Gespräche« auch den Pfarrer Sommerauer befragte, zu der von ihm im Herbst 1984 angeleierten kreuzdämlichen Hexen-Anzeige (»wegen seelischen Betrugs« wollte er da der »Hexe« Ulla von Bernus zu Leib) – und selbst Tomayer mußte kläglich scheitern: mehr als ein »jaja . . . genau« war aus Sommerauer nicht rauszuholen. Nein, da ist sich die Dummheit wieder zu schlau dafür, sich gänzlich zu offenbaren. Sie ist überhaupt zu dialektikfest und auf dieser Welt nicht mehr zu packen, weder praktisch noch gar theoretisch – bleibt für uns Nichtchristen also nur die vage Hoffnung, daß Sommerauers Herrgott inmitten seiner Invisibilia Dei dereinst seinem treulosesten Knecht, sobald dieser im Weltraumfahreranzug vor ihn tritt und sofern er noch die Kraft hat, aber auch schon derartig unflätig in den Arsch tritt, daß wir, die wir sowieso in der Hölle braten, wenigstens kurz noch was zum Lachen haben.

BERIC
AUS
BON
Traxler 85

Friedrich Nowottny, Intendant

Wie es geschehen mag, daß ein Null ouvert wie der beliebte Fernsehfragensteller Friedrich Nowottny plötzlich gewählter WDR-Intendant wird, ist schon ziemlich interessant bzw. nicht zu klären. Lehrreicher vielleicht noch, daß die gesammelte Bürgerpresse dem Vorgang nicht einmal jenes übliche Schamquentchen kritischen Kommentars und Gehinterfrages zuteil werden ließ, das sie sonst, den Schein und den Gesinnungsproporz zu wahren, bzw. den Neid auf den berühmten Kollegen herauszulassen, derlei Phantomereignissen widmet. Dabei wäre die Spukhaftigkeit der Inthronisierung dieses altgedienten Bildschirmschamanen und Freitagsschmocks wahrhaft eine, die auch die Neugier der Kollegen entfachen müßte: Wie kommt's, daß einer von allen drei »etablierten Bonner Parteien« als nachgerade journalistische Leitfigur ästimiert wird, obwohl er sogar unabhängig (»parteilos«), furchtlos und geradezu kritisch sein soll; daß diese furchtlose Unabhängigkeit z. B. am 1. 2. 1985, kurz nach der Ernennung, unabhängigerweise einmal mehr darin sich kristallisierte, die Bonner Grünen, origineller und furchtloser und kritischer geht's nun wirklich nicht mehr, mit einem Kindergarten zu vergleichen, wobei sich schätzungsweise 93 Prozent der draußen im Lande angeschlossenen Teilnehmer vor besinnungsloser kritischer Zustimmung auf die Schenkel gepatscht haben dürften; daß einer 1980 ff. als Inbild von geglücktem Fernsehjournalismus durchgeht, für den sich die darzustellende politische Welt allzeit und 52mal im Jahr also stakkatohaft sonnig trialektisch fügt: »Steuerschraube – gebremste Begeisterung –

Klaus Altmann«; oder: »Rotationskarussell – Verstörung – Ernst Dieter Lueg«; wie kommt's, daß so einer so was Seriöses wie Intendant wird, obgleich er auch als Metaphorist ein Meister der Sonderklasse ist: »Mit angehaltenem Atem«, so hechelte er kurz vor den Wahlen 1983 aus dem Kasten, »schauen die Parteien auf den Wahltermin vom 6. März (. . .) Der Ruf nach Neuwahlen braust wie Donnerhall durch das Land.«

Der Rhetorikprofessor Walter Jens, las man fast gleichzeitig, sei von F. Nowottny begeistert: »Unbefangen« sei der Leiter des »Berichts aus Bonn«, »souverän«. Bisweilen, nein, immerzu glaubt man heute in einem Land zu leben, in dem, wie im Albtraum, wie im Märchen, wie in den Kunstwerken von Brueghel bis Kubin und Kafka, das Unterste mit größter Selbstverständlichkeit zuoberst rangiert – es hat viel nachtmahrisch Beklemmendes und Atemraubendes und zugleich tödlich Einschläferndes – aber es ist dieser Dornröschenbann samt Umwertung aller Werte sicher kein regenerativer, und kein Schein von Versöhnung fällt, wie in den Kunstwerken, durch ihn, sie zu erlösen, auf die spukhaften Dinge – und, um das Bild zu wechseln, es hat auch zumindest in der Fachbranche kein waches Kind mehr, das den Mitbewohnern die kaiserlichen Nacktheiten vermeldete. Gut, bei Kohl haben sie's gemerkt, da lachen sie fast alle; aber daß Kohls genaues und von ihm deshalb geliebtes TV-Pendant, jener den ewigen Sonnenschein aller wochenendfreudigen Regressiven sonnyboyhaft suggerierende Leiter des unsäglich dummen »Berichts aus Bonn«, zum Lohn auch noch in jene Verantwortung und Position hineinrutscht, in welcher bislang üblicherweise vulgoprofessorale Schnarchsäcke wenigstens eindrucksvoll anzuschauen waren; wenn man nicht genau hinsah, als fast würdige Greise zu überzeugen vermochten: das finden sie alle regulär und rechtens. Auch wenn die SPD im Rat gegen Nowottny stimmen mußte: Zu lesen und hören war m. W. noch nirgends, daß Sozialdemokraten oder auch Grüne erhebliche Befürchtungen hegten angesichts des von Nowottny wie von keinem anderen repräsentierten Typus. Es ist der des Quasi-Journalismus per mediengerecht forcierte und tendenziell pure Desinformation; ein Journalismus, dem man noch zuviel Ehre antäte, stellte man ihn in die Nähe der Krausschen korrupten »Journaille«. Nein, der hat schon eher mit dem Orwellschen Großen Bruder zu tun, als dessen verquast humanisierte, flockige Ausgabe: Gleichschaltung durch permanente Heiterkeit, die sich zu allem Überfluß auch selber noch als eine ironische darstellt. Das genau loben sie an Nowottny, das ließ den Moderator demoskopisch nachweisbar zum geachtetsten politischen Meinungsbildner des Landes reifen.

Und für solche Betreuung der Wochenendgesellschaft wird man später als Lohn zum Intendanten des sog. Rotfunks WDR bestellt.

Daß Kohl Kanzler, Stücklen und Barzel Präsident werden konnten: In Ordnung, die drei verkörpern das gegenwärtige Deutschland wie nichts Gutes. Der »Bild«-Berserker Boenisch Regierungssprecher? Auch diese Zote liegt in der Linie, auch die »Zeit« war letzten Endes einverstanden, vom deutschen Muttchen zu schweigen. Beim Intendanten Nowottny hat sich schon gar niemand mehr gewundert. Sich wundern trauen? »Die Karriere eines Show-Talents« bewunderte im Gegenteil gut christlich der »Rheinische Merkur«, und abermals in der »Zeit« erkannte der ehemalige Schmidt-Regierungssprecher Kurt Becker trotz einiger Einschränkungen dergestalt, bei Nowottny bleibe die »vertiefende Analyse« auf der Strecke, nur »Ansehen und Vertrauen« nebst »ausgewiesener Qualität« jenseits des Parteibuchjournalismus.

Wahr. Nachdem es betreffs Wörner/MAD etc. Anfang 1984 auch das letzte Schulkind geschnallt hatte, stellte Nowottny noch tatsächlich (Lächeln eingeholt, Grimasse »staatsbürgerlich verantwortlich«) dem Kanzler Kohl eine Frage, die man mit viel Wohlwollen als derart kritisch bezeichnen konnte, daß der Kanzler dem derart Unabhängigen nicht nur verzieh, sondern, sich sonnend im Gefordertsein, wohl jetzt erst merkte, wie gern er doch diese Laus hatte, die ein Journalist nun einmal ist; so gern, daß übers Jahr keiner so geschlossen vor und hinter Nowottnys Intendanz stand wie Kohl.

Das deutsche Fernsehen, wohlgemerkt, soll eins der besten der Welt sein.

Einst von Karl Schiller durch die kitzlig-süffisante Daueranrede »Herr Nowottny« geadelt und gleichzeitig fast sprichwörtlich geworden für das neuere katzenhafte Umschleichen und Umlauern von Politikern und Journalisten im Fernsehen, berührt die Qualifizierung als »Hofberichterstatter« und »Kammerdiener« Nowottny heute noch sehr und ärgerlich. Da trifft es sich gut, daß manchen fortschrittlichen Kräften umgekehrt seine gleichsam proletarische Herkunft gefällt. Der Intendant kommt aus der kleinen Lokalberichterstattung, hat sich zäh mit seiner im Trend liegenden Idee der parapolitischen Unterhaltung hochgedient – und heute erwarten von ihm, dem »Gelernten«, deshalb nicht wenige gar so etwas wie Entkrustung der verkrusteten Strukturen der Funkanstalt. Wahrscheinlich kraft noch mehr Unterhaltung; vom Ideal des möglichst wasserdichten Flachsinns auf allen Sektoren und in allen Ressorts sind sämtliche Sender ja ohnehin bezaubert.

Nowottny ist Kohls Mann; die Medialübersetzung dessen, was der Kanzler unter jener Lebensfreude ahnt, die er sich nicht nehmen lasse. Nowottny dient der Kohlschen

Universalpolitik wie an einer anderen Front z. B. Wim Thoelke, der auch aus kleinen Sport- und Unterhaltungsverhältnissen kam und jetzt für jene Idee des Doppelglasfensters gradsteht, für die wiederum Kohl leitprogrammatisch einsteht. Trotzdem: Mußte man Nowottny wirklich zum Intendanten schlagen? In ein Fach pressen, in dem sonst immer noch humanistische Schwerdenker wie Hess und Mai und Bausch und Holzammer saßen und sitzen? Wo wir doch noch vor zwei Jahren immerhin einen Theo M. Loch erhoffen durften, der wenigstens noch unqualifizierter als Nowottny und all die Genannten zusammen ist?

Geht die Welt zugrunde? Warum dann nicht konsequenterweise ein Bundespräsident Nowottny und ganz im Sinne des Rundfunkauftrags ein WDR-Intendant Wolfram Esser?

»Meisterhaft in der Popularisierung der Politik« nennt wiederum die »Zeit« Friedrich Nowottny und schämt sich für diese Idiotie nur ganz unhörbar. Es liegt in der Logik dieser Meisterschaft und der Dinge unterm Joche Kohl generell, daß der neue Intendant an den Tagen seiner Ernennung bei den schamlos dummen Feierlichkeiten zugunsten des 1985er Ritters wider den tierischen Ernst, Blüm, fröhlich die Trommel rührte. Es liegt in der nämlichen Logik, daß er im Monat drauf, schon in Amt und Würden, zugunsten irgendeines Sorgenkind-Scheißdrecks mit einem Fünfmarkstück Späßchen aus dem Kasten heraus machte. Es liegt in der Logik, daß er u. a. deshalb später Intendant wurde, weil er wegen einer verlorenen Wette mal vor dem Bundeshaus heiße Würstchen verkaufte. Es liegt in der Logik, daß Nowottny, laut »Bild der Frau«, mit Scheel ebenso befreundet ist, wie er Otto mag. Hier kommt, so Hofmannsthal, eben »alles zu allem« – und der einzige, der einem leid tun kann, weil er sich über so beschaffene Gleichschaltung noch Gedanken macht, ist natürlich wieder mal unsereins. Der dabei, genau genommen und fatal genug, weder gegen Nowottny viel Groll aufzubringen vermag noch gegen die Fernsehkasperei an sich.

»Ist doch alles eins«, vermutet Robert Gernhardt im Schlußwort seiner Satirensammlung »Letzte Ölung« hinsichtlich des schlechthinnigen Medienpanzers, »Politik und Film, Sport und Feature, Nachricht und Frühschoppen – das alles sind doch nur unterschiedliche Ausformungen unterschiedslos unerheblicher Unterhaltung. Ein Narr, wer da noch Einzelpersonen oder Einzelheiten kritisierte.«

Wahrwahr. Unverbesserlicher Tor wäre auch, der sich anheischte, diesen Status allseitiger Torheit erschüttern zu wollen, und hätte er gleich »Bild«, FAZ und »Spiegel« zusammen hinter sich. Bekanntlich haben die Dinge ihre eigene Dummdynamik, vor der einem Hörfunk und Fernsehen vergeht – und noch bekanntlicher gibt's eh kein richtiges Leben im falschen, und beim WDR schon gleich gar nicht. Aber bitte: staunen wird man ja wohl noch dürfen; staunen und sich freuen. Heimlich sich freuen über die bei aller Medialverfinsterung zuweilen und gerade »wegen Blödheit« (Schwejk) noch funktionierende List des Weltgeists nämlich. Die es im Fall Nowottny tatsächlich vermochte, einen Unerträglichen, indem sie ihn erhöhte, faktisch zu erledigen. Noch ist zwar nicht ganz raus, ob der neue Mann seinen Job ab Juni '85 eher als Supplement sonstiger Trommelwirbeleien und Schaumschlägereien versteht. Aber den »Bericht aus Bonn«, so las man's in der BamS, wird's in dieser Form nicht länger geben.

Mit Sicherheit, ach, freilich in einer noch »um den Hauch einer Nuance« (Kohl) beschwerlicheren.

A Krampfhenna

Zu dem wenigen Gescheiten, was F. J. Strauß zeitlebens gesagt hat, gehört dies, daß man in der ehemaligen Journalistin und Dr. chem. Hildegard Hamm-Brücher »eine politische Krampfhenna« zu sehen habe.

»Mädle, Sie müssen in die Politik«, mahnte sie angeblich einst Theodor Heuss in einem Anfall schwerer Geistesverfinsterung. Fatal; sie parierte.

Krampfhenna = Krampfhuhn = Windmacherin, gespreizte Wichtigtuerin, Äffin. Nein, trefflicher kann diese langjährige FDP-Spitzenpolitikerin nicht aufs Bild gebracht werden.

Vor einigen Wochen verspürte H. Hamm-Brücher (»HB«), 63, endlich wieder mal viel Wind um sich. Es ging drum, ob sie a) Bundestagsvizepräsidentin und b) stellvertr. Parteivorsitzende werden könnte/wollte/sollte. Niemand begehrte sie, weder da noch dort – aber wie gut das trotzdem tat. Es muß für die durchaus der höheren Ironie fähige FAZ ein Heidenlabsal gewesen sein, die Krampfhenna sich derart selber entlarven zu hören: »Frau Hamm-Brücher will, wie sie dieser Zeitung sagte, sich von ihrem ›weiblichen Instinkt‹ leiten lassen. Sie sprach« – und nun genau hinhören auf den wunderbaren Konjunktiv der indirekten Rede – »von einer zu ihren Gunsten wirkenden Strömung in der Partei, die fast über ihr zusammenschlage« – ! – »und in ihr die Verkörperung von Kontinuität und geistiger Liberalität sehe. In der Partei gebe es eine Stimmung, daß sie – Frau Hamm-Brücher – eine Verbindung zur Geschichte der Liberalen und zur Zukunft darstelle. Zwischen ihr und (dem Gegenkandidaten) Gerhardt gehe es nicht um eine ›Alternativ-

Entscheidung, sondern um eine Symbolfigur-Entscheidung‹, da man ihr nachsage, sie mache Mut, sagte Frau Hamm-Brücher, die sich als knorriges Gewächs bezeichnete« (FAZ vom 10. 2. 85).

Man muß sich die Schamlosigkeit sehr besonnenen Kopfs vorstellen: Das alles – daß sie ein Symbol, ein Gewächs, eine Mutmacherin sei – schleimt sie freihändig von sich aus ins Telefon oder wo immer hin. Der FAZ-Mann wird sich vor Genugtuung in die Hose geschifft haben.

Die Krampfhenna gilt, laut »Die 100 von Bonn« (Lübbe-Verlag), als Ausbund von »Charme« und »Attraktivität«. Wer sie vor Jahresfrist im Fernsehen sah, anläßlich einer Diskussion über Widerstandsrecht einst und heute und im Rahmen einer auch sonst hochbesetzten Runde (Wißmann, Rommel, Nevermann u. a.), der wurde eine Stunde lang den Verdacht nicht los, daß diese starr vor sich hin cheese-grinsende Attraktivität ihre Zwetschgen nicht mehr recht beieinander und ab sofort Nancy Reagan als ihr persönlich-politisches Frauenideal erkiest hatte. »Sie engagiert sich heftig, doch bleibt sie stets charmant und elegant« (a. a. O.). Genau. Es war zum Spei'n.

»Sehr einsam und sehr zornig«, fand sie kürzlich, im Zuge ihrer Vize-Vorsitzenden-Erwägungen, die »Zeit«-Journalistin Margrit Gerste: »Die liberale Politikerin wurde in Bonn zur Einzelkämpferin.« Manche journalistischen Analytiker langen aber auch schon derart daneben, daß man sich ob dieser betroffen machenden Epiphanien nicht einmal mehr freuen mag. Die Wahrheit: Als es '82 mit der Wende so weit war, preßte die Krampfhenna ein paar Krokodilstränen heraus (das sollte sie freilich ab sofort Frau Vollmer von den Grünen überlassen, die kann das immer und noch törichter), sichtbar berauscht von ihrer eigenen Tragik, nämlich (s. o.) Verkörperung von Kontinuität und geistiger Liberalität. Zog dann die Federn wieder ein und weiter hinter Genscher und jetzt Bangemann her; falls sie diesen letzten Wechsel im Rahmen der Kontinuität überhaupt noch mitgekriegt hat.

Eine krisenfeste deutsche Rebellin.

»Eine Wespe unter Hummeln«? Springers »Welt« kommt der Sache schon näher – aber nein, es bleibt bei der Krampfhenna.

Kurz vor jenem Parteitag, der dann die Ära Bangemann eröffnete, verzichtete die Krampfhenna »um des inneren Friedens willen« (Süddeutsche Zeitung) endlich doch auf das Vize-Amt. Übte »heftige Kritik am Zustand ihrer Partei« (SZ) – und mahnte freilich auch, daß wieder mehr gebetet wird: »Die Identität der Partei ist wichtiger als momentane Koalitions-Opportunitäten.« Noch immer weiß die Krampfhenna, was seit 30 Jahren von ihr erwartet wird. Und glaubt die Sprüche womöglich auch noch.

Mein Gott, wie hat das der Münchner CSU-Ehemann Dr. Erwin Hamm 31 Jahre lang mit der nur ausgehalten.

Diesem Charmebolzen, der auch noch »eine Unmenge Schriften über Bildungspolitik« (HB) in die Welt gedrückt hat; der eine Theodor-Heuss-Stiftung erfunden hat (»mein Kind«) und ihr seit 20 Jahren vorsteht; der in dieser Funktion Preise vergibt, so wie er schon als hessische Kultusstaatssekretärin um 1967 Preise für aufgesetzt renitente Abiturreden austeilte, damals, als Mitscherlichs Postulat des zivilen Ungehorsams längst so stereotyp ins Linksmodische übergeschnappt war, daß man damit und unter den Fittichen der Krampfhenna Karrieren starten konnte. Freilich, als anderentags Studienreferendare demonstrieren gingen, da erwachte in der personifizierten Hoffnung auf eine progressive Schulpolitik doch wieder die Dame bzw. die promovierte Hefemutterlaugen-Sachwalterin: »Es ist eines Beamten unwürdig, auf die Straße zu gehen.«

Wörtlich so.

Ja, groß, berühmt und populär wurde die Krampfhenna einst durch ihre ewig und einen Tag fortschrittliche Bildungspolitik, zuerst in Bayern und Hessen, ab '69 in Bonn; obzwar sie auch hier nicht genau wußte, was sie da eigentlich charmant-charmant zusammenschalmeite: »Bis auf weiteres kann es überhaupt keine Überproduktion von Akademikern geben.« So wie die Krampfhenna politisch genaugenommen von nichts genaue Ahnung hat. »Ich habe noch nie einen Menschen erlebt«, erinnert sich eine Diskussions-Moderatorin, die mit der Krampfhenna mal das Vergnügen hatte, »der so viel Selbstbewußtsein mit so wenig Kenntnissen verbindet«.

Gut tut so ein Mensch dann immer daran, Bücher über die Schule im Jahr 2000 zu faseln. Wenn wir Glück haben, wird er da nicht mehr zur Rechenschaft gezogen.

Zwei Kinder hat die Krampfhenna auch in die Welt gesetzt. Sie heißen Florian und Verena. So und nicht anders. Nein, Florian und Verena. Genau das ist es. Wer einst zum »weiteren Widerstandskreis« der Weißen Rose zählte; wer sodann leidenschaftlich gegen die CSU-Konfessionsschule und für die Sexualerziehung ficht; wer vor lauter Rebellik sogar noch stolz die bayerische Verfassungsmedaille zurückweist, der nennt seine Kinder dann meist Florian und Verena.

Mal unter uns: Möchten Sie die als Mutter? Schwiegermutter? Dieses Symbol von nachkriegsdeutscher Zivilcourage? Dieses Exemplifikat von Frauenemanzipation in Form einer windelweichen Flachschwätzkarriere? Diese (in der Bohrerschen Politikertypologie) zwischen »Zombie« und »gute Hirtin« herumirrende Damenhaftigkeitsdarstellerin? Diese Solennität an noch im zügigen Verdorren sich aufblasender Insuffizienz mal Zumutung mal Unverhinderbarkeit? Mit Martin Bangemanns unbezahlbarem TV-Lapsus-linguae vom 10. 3. 85 zu antworten: »Nicht für alles Geld dieser Welt!«

Über die Krampfhenna zu schreiben, ist ein undankbares Amt. Die dumme Mehrheit achtet sie nach wie vor hoch und erachtet – angesichts von Nazi-Opferbonus und Universal-Progressivität – Polemik als ein Sakrileg. Die einsichtige Minderheit dagegen wittert Leichenfledderei. Also ein – längst erledigter Fall?

»Wir müssen uns zu unserer Vergangenheit bekennen, dürfen sie nicht verschweigen oder gar verbrennen.« Mit solchen Blasen, in dem Fall über die FDP, welche assoziativ auch noch einmal die Nazi-Lehren einsacken, kann bei uns eins schon lebenslang als links durchgehen. Dafür bescheinigt sogar der Vorsitzende Bangemann der Krampfhenna »kämpferische Individualität«, ja »Querdenkertum«. Ja mei, warum sollte sich ein Berufspolitiker mehr einfallen lassen als die ganze Bauernfängerbranche von Hüsch bis Zwerenz, die seit 30 Jahren gleichfalls von derlei Publikumsbenebelungen lebt. Und zwar exklusiv.

Diese schamlos beifallheischenden Blicke durch die Blume: Schaut her, ich bin's, eure Leitfigur! Mit der letztlich der Feminismus schon ans Ziel gekommen ist! Und die Kontinuität der Zukunft sowieso! – Senilität? Ach was. Strauß bleibt das Verdienst, diese über die Jahre hinweg konsistente Würdelosigkeit als erster benannt zu haben: eine Krampfhenna.

Nur beim Preisüberreichen wird sie immer noch besser. Neulich, als es galt, den Heuss-Preis ausgerechnet an den inkommensurablen Georg Leber zu verscherbeln, hatte sie, Zähne in die Kamera, sogar eine Art Trachtenverschnittkostüm an. Obwohl dafür eigentlich die bayerische SPD zuständig ist.

Nein, Mitleid ist nicht angebracht. Dafür ist das Silberhaar der Dame zu gut betoniert. Und der Blick zu keck.

Eine letzte Steigung an Peinlichkeit aber hat die Krampfhenna noch vor sich; bzw. eine ihr sonst vielfach ähnliche Frauensperson hat jüngst einen Standard vorgelegt, der schwer noch einzuholen ist. »Ich habe«, schrieb die unsägliche und unsäglich dumme Luise Rinser unlängst über sich selbst, »mein ethisch-politisches-Gewissen nicht korrumpieren lassen. Meine Unabhängigkeit erlaubte mir, eine unbequeme Mahnerin zu sein (. . .) Eine Person, die eine gute Figur macht im Ausland, eine politisch Unbescholtene, eine nicht in Skandale Verwickelte, eine international angesehene Schriftstellerin.«

Schwer glaublich, aber wahr: Rinser dixit. Tja. Tja nun. Einerseits dürfte es da für die Krampfhenna hart werden, diesen Spitzengrad an Schleim mal Selbstverkennung je noch zu erreichen. Andererseits, so gesehen hätte Rinser ja tatsächlich eine triumphale Bundespräsidentin abgegeben. Und in diesem, nur in diesem Fall hätte man dann freilich die Krampfhenna doch wieder gern als Vize-Parlamentspräsidentin erlebt. Annemarie Renger zur Linken sitzend. Doch, dieses Triumfeminat, das wär's dann wohl gewesen. Schade.

Hirsch

Der Allerunausstehlichste

Am 6. 5. 85 wurde Hanns Dieter Hüsch 60. Nachdem mir Harald Wieser im »Spiegel« kürzlich die leidige Arbeit abgenommen hat, den vollends lästigen Kabarettisten Werner Schneyder erledigen zu müssen, fällt innerhalb der Branche die Wahl leicht, nämlich auf einen insgesamt Gleichwertigen, der aber noch den Hauch einer Idee unausstehlicher mahnt: auf Hüsch; und sein Geburtstag ist ja wohl der rechte Anlaß: Mit 60 hat einer das Recht, zu erfahren, wie widerlich er sei.

Ich weiß und sehe und lese nicht gar zu viel von Hüsch, Gott sei Dank, werweiß müßte ich sonst doch noch verzagen – aber an eine TV-Sendung von ca. 1980 erinnere ich mich doch noch, zwar nebulös, indessen gerade wegen der Nebel- und Wahnhaftigkeit des Ganzen sehr gut: eine Sendung, in der Hüsch eine Stunde lang sich solo und exklusiv davon ernährte, immer neu zu behaupten, a) es gebe eine Aufklärerkette von Toller, Brecht, Tucholsky zu Hüsch, und b) die Arbeit dieser Aufklärer sei so beschaffen, daß eins praktisch ständig mit einem Bein unterm Galgen stehe –: wohlgemerkt, dies im Staatsfernsehen und für geschätzte 20 000 Mark Gage – und das alles (das ehrt ihn schon fast wieder) log unser Mann ganz bierernst zusammen, ohne den Unfug auch nur berufsethikhalber mit ein paar jener kabarettistischen Rohrkrepierer einzuölen, welche sonst seine Auftritte zur Plage reifen lassen – nein, ganz plan und platt lamentierte er vor sich hin – bis die Sendung plötzlich wieder aus war.

Sicher, die Methode ist alt und bewährt, von Zwerenz bis Schneyder: sich selber die Weihen zu erteilen, indem man atembeengende Verwandtschaften mit den Meistern und Märtyrern behauptet, ohne auch nur den Schatten eines Beweises anzutreten; und daß sie, die Satiriker, dauernd vom Landesverweis bedroht seien, suggerierte sogar mal Siebeck. Trotzdem: so frech log, so inhaltslos laberte, so inbrünstig schamlos lallte noch keiner rum wie Hüsch in jener Sendung; so ungut ich jedenfalls noch keinen sah.

Ihr selbstgeschaffenes »Umfeld« ist es, welches der Branche ihre Unverschämtheiten nicht nur gestattet, sondern bestdotiert noch abkauft. Die Lage ist wüst. Es hat in diesem Lande Satiriker, die noch nicht einmal dann wissen, wovon sie annähernd reden, wenn sie von Satire reden. Sie meinen nicht Kraus, nicht Tucholsky, nicht Poth noch Polt – nein, ihnen schwallt irgendein beliebiger Stuß durch den meist bärtigen Kopf, Wortspiele, die keine Sau erträgt, Aphorismen, die nicht einmal sie selber ertrügen, wären ihre Köpfe je dahin trainiert worden, irgend etwas zu unterscheiden – sie sind's mitnichten, sondern noch jeder Dreck und Rotz und Schleim geht hier als Kabarett und Satire und gar Aufklärung durch – jenseits aller historischen Maßstäbe, das Publikum erträgt's nicht nur, sondern jubelt wahl- und besinnungslos auf – Wie? Was? Hüsch gehöre doch nicht in diese Umgebung? Dann hören Sie zur Strafe mal genauer hin:

»Ich möchte ein Clown sein / Und immer lachen / Ich möchte ein Clown sein / Und andere lachen machen.« So oder so ähnlich klang's zu den Geburtstagsfeiern aus den Funkgeräten, »Ich möchte ein klitzekleiner Spaßmacher sein / Ich möchte, daß die Welt mal lächelt / Bevor es zu spät ist« usw. – jawohl, das sind ihre Reim- und Rhythmusstandards, das und nichts anderes ist Hüschs Botschaft und stellt sich neben Brecht und Tucholsky – man hält es nicht für möglich und muß gerade deshalb eine Tortur wie die Hüsch-Jubelsendung »Fast 'ne Solo-Oper«, die im Mai von den Dritten Programmen ausgestrahlt wurde, ganz ruhig, versteinerten Herzens und später möglichst Video mit Nachprüf-Stops über sich hinwalken lassen, um so das Grausen und die Pestilenz zu erahnen, welche da als Spaß und Aufklärung vor sich hin mören; und, das ist das schlimmste, womöglich selber wirklich nicht erahnen, für welche Explosion von Gemeinheit sie stehen, für welche Epiphanie an Spruchbeutelei, Reimgewurstel und vokaler Ohrenpein.

Und Augenschmerz: Hüsch, versteckt hinter Intellektuellenbrille und Vollbart, angetan mit graubraunem Holzfällerhemd, wird eine Stunde lang nicht müde, immer wieder als »Narr«, »Schalk«, »Außenseiter«, »Utopist«, gar als »intellektueller Eulenspiegel« sich selber anzupreisen – es ist schon unfaßbar, mit welchen Dumpfnickelsprüchen sich ein »linker« deutscher Seelenfänger durchs Leben und sämtliche Kleinkunstbühnen ackert und »aufgrund meiner kleinen treuen Hüsch-Gemeinde« (auch das ist gelogen, die ist, wie sich's gehört, groß) steinreich dabei wird.

Schon in der Schule, so Hüsch, habe er den »Spitznamen Spinner« gehabt. Die Schamferne ist eine äußerste; so was trägt heute einer, wenn's denn nicht eh wieder gelogen ist, wie ein Bundesverdienstkreuz vor sich her. »Ich habe ein urkommunistisches Gemüt.« Denn: »Ich bin für die Solidarität der Kreaturen.« Unbegreiflich. »Ich war immer ein radikaler Pazifist – was Wunder, ich liebe halt dieses Leben.« Es hat was Gebenedeites. »Ich empfinde mich immer als fortschrittlicher Humanist.« Aufhören! »Ich will die Vorurteilslosigkeit der Flüsse und die Gelassenheit der Tiere erreichen.« Gibt's keine Polizei, die nachweisliche Idioten dingfest macht? »Aber: es ist mir nicht gelungen.«

Der Welt melden Weise nichts mehr; höchstens dies: »Ich kenne kein Klug und Dumm.« Das ist nicht nur sein

Fehler, den er gleichwohl anbiederisch zu seinem Vorteile nutzt – nein, diese SPD- und Grünen- und Gewerkschaftskultur rund um die Hüsche und Kittners und Kraut- und Rübenquatschis aller Couleur, sie ist nicht nur kein Deut klüger als die ohnehin fehlende der Reaktion, sondern wenigstens noch infamer. Die ewig Ungetrösteten und deshalb schnell und leicht und ungescheut mit jedem letzten Dreck zu Tröstenden und noch mit den haltlosesten Eigenbelobhudelungen Abzuspeisenden: ihr dankbares Dauerkichern über alles und jedes hat selber etwas Höllisches – die Erbärmlichkeit des deutschen Kabarett- und »Kleinkunst«-Publikums, das ist in Wahrheit das Thema.

Warum merken die Leute nichts? Wo den Mann doch schon sein Rollkragenpullover, seine wechselnden Barttrachten und seine allerdings geschickt kaschierten Aufkläreräuglein verraten? Als den zeitgeistlich hergemachten treuen Diener der ewigen Wiederkehr zeitlosen Abgreifens.

Man sollte nicht alles dem deutschen Oberstudienrat anlasten. Außerdem soll, laut »Spiegel«, W. Schneyder dessen satirische Edition sein. Ist dem so, dann steht Hüsch, seit der Bart tragen darf, wahlweise für den neudeutsch aufstiegswilligen Filialleiter gerade oder aber für den Gesangsvereinspräsidenten, dem, weil er gleichzeitig Ulknudel ist, die Erkenntnis gereift ist, daß es zwar schönere Länder gibt als das unsere weit und breit, aber Spaß muß trotzdem sein – und dies unbarmherzig, nämlich so: »Ich möchte, daß sie alle lachen / Und ihren Nachbarn keine Schande machen.« Klar? Das soll beißende Ironie sein. Ist aber nur von Hildegard Knef geklaut. »Ich sage dies nicht, um zu stören – ich liebe diese alte Welt – und hoffe, daß man uns wird hören.«

Dochdoch, und wenn's noch so klappert und raunzt und grunzt: Hüsch wird schon gehört.

Hör- und sichtbar glaubt er selber, daß er ein großer Warner und Aufklärer sei. Wer aber nicht auf ihn hört, ihn evtl. sogar unerträglich findet, der wird vom »schwarzen Schaf vom Niederrhein« (nein, keine Selbstanpreisung ist ihm zu schleimig) überführt wegen Angriffs auf die Institution Satire in Deutschland, welche doch laut Hüsch, fraglos via Hüsch und Verwandtes, die Atombombe verhindert hat: nämlich mit dem tolldreisten Wortspiel »Carmina Urana«, einem Gedicht gegen die Nato-Aufrüstung. Nein, sie lassen nichts, aber auch partout nichts aus, die deutschen Wortkunstvirtuosen.

Pack regt sich, Pack verträgt sich. Unsere Schalksaufklärer halten zusammen wie Dusel und Schwefel, ein Schwachkopf feiert den anderen und mithin stellvertretend sich selbst. Hüsch schreibt dem Stratmann-Buch Heidenreichs ein Vorwort – Heidenreich lobt ihn dafür als »so was wie'n Vorbild«. In der »Zeit« veröffentlicht sie ein Wader-Portrait – darin lobt wiederum Hüsch Wader als (nein, sie lassen nichts aus) »anarchistischen Romantiker«, gottogott. Wenn Schneyder im »Spiegel« auf seine Nullität reduziert wird, springt leserbriefweise Hüsch bei. Im Fernsehen würdigt Süverkrüp den 60jährigen Hüsch als beinharten Genossen – indessen der unbedarfteste aller Blödmänner, Wecker, maßkrugscharf erkannt hat: »Für mich ist Hüsch nach Benn der größte Lyriker in Deutschland.« Scheiße, Scheiße, große Scheiße.

In der »Deutschen Volkszeitung« gratuliert Helmut Ruge zum 60. mit exakt den Sprüchen, die der Jubilar seit 30 Jahren selber gezielt um sich streut: »Hanns Dieter, der Artist, der Clown, der Dichter, der Spieler, der Realist, der Sozialist, der Freund, er lebe hoch!« Es ist nicht zu singen, nicht zu sagen. Einfältiger nicht mal von Reich-Ranicki.

Ein paar Sekunden lang war im TV-Portrait zu wähnen,

wenigstens Dieter Hildebrandt habe seine Zwetschgen noch beieinander. »Hüsch war schon da«, höre er, Hildebrandt, immer, sobald er mit Kleinkunstbühnen verhandle, »das muß ein unglaublich eifriger Mensch sein. Wahrscheinlich braucht er Geld oder so was.« Indessen, komplett ironiefrei fährt Hildebrandt fort, in Hüsch habe er immer den Meister des Wortspiels und des Kalauers ästimiert. Mein Gott, mein Gott.

Ab und zu, teilte Hüsch mit, werde er von »Assoziationsekstasen« heimgesucht. Deren Standard so aussieht, daß der Ekstatiker »Marsch« auf »Arsch« reimt, daß er versucht, »Strukturfäden an den Mann bzw. an die Frau zu bringen« und »Stichworte« ankündigt. Publikum kapiert kichernd: Aha, er sticht zu! Bzw. stichelt! O mon Dieu ...

Hüsch: »Ich mache literarisches Kabarett.«

In letzter Zeit weiß der, der vor 35 Jahren im Stile eines jazzkellerhaften Brechtianers irgendwie spätexistentialistischer Prägung angefangen hat, freilich nicht mehr recht, was er machen soll bzw. wohin mit sich. Hatte es noch um 1970 herum rigid geheißen: »Das Bild vom lachenden und weinenden Auge ist überholt. Die Formel, ›Ernstes im leichten Gewand‹ zu servieren, entspricht den spätkapitalistischen Bedürfnissen einer aufgeschwemmten Bourgeoisie«; forderte Hüsch damals noch bedingungsloses Engagement aller Satiretätigen wider die Aufrüstung und weiß der Teufel – : so verkündete schon ein paar Jahre später ein Plattentitel »Ich mache Quatsch« – und dann wurde es immer menschlich-allzumenschlicher und pluraler: Mal synchronisierte der Sozialist aufs schmählichste »Dick und Doof«, mal war er sich zugunsten des ZDF für eine namenlos abgeschmackte Denkmalveralberungssatire nicht zu schade – neuerdings hat er's mit der Minimal-Musik –

– der klassische Opportunist also? Ach was, nicht mal das. Vielmehr war der Mann allzeit sich selber treu. Nämlich ein brechtgestylter Utopist bzw. ein Hagenbuch von Thomas Bernhardschen Gnaden, genauer: ein auf- und abgeklärter Bauernfänger für die werktätigen Kreise, kurz (und laut »Westermanns Monatshefte«): »Ein älterer Herr, der noch an Kinderträume glaubt.«

Ach, wer gibt uns vor dem Hintergrund all des Unflats unseren Herbert Hiesel wieder!

SDI
U.S.
Süüüüsss
Echt Afghan

Wieder im Kommen: Dr. Todenhöfer

Besonnene Stimmen haben uns, kaum war Ende '84 der Fall Möllemann fürs erste durch ihn selber erledigt, darauf aufmerksam gemacht, daß man in der ohnehin nachlassenden Freude über den noch amtierenden FDP-Staatsminister die kaum minder eindrucksvolle Person des Dr. Jürgen Todenhöfer von der CDU nicht aus den Augen verlieren dürfe.

Die besorgten Stimmen meldeten sich mit Fug. Nämlich mittlerweile ist Todenhöfer, nachdem er für einige Jahre so gut wie aus dem Verkehr gezogen worden war, wieder ganz erheblich da. Zu danken haben wir's Afghanistan, SDI und den Grünen – und Kohl wird nicht umhinkönnen, jenen zu begnadigen, der vor fünfsechs Jahren sein schon hochgradig wucherndes politisches Kapital beinahe restlos verjuxt hätte, als er sich nämlich 1980 im Übereifer für sein politisches Leitbild, den Kandidaten Strauß, allzu stark machte, zur Strafe seinen festen Direktwahlkreis Kaiserslautern/Kusel einbüßte und dann jahrelang so wenig Land mehr sah wie Möllemann zur Zeit.

»Der Möllemann der CDU«: Als solcher läuft er bei den Journalisten, der »abrüstungspolitische Sprecher der CDU/CSU«, der noch für jede Aufrüstung zu haben ist, wenn sie aus Amerika kommt und sich SDI schreibt, indes der »Krieg der Sterne« einerseits (so Todenhöfer jüngst im ZDF) Sowjetpropaganda ist, andererseits (so gegenüber »Bild«) von den Russen selber betrieben wird. Auch er also ein Nachwuchsweltpolitiker von Format – doch, mit Möllemann teilt der geb. Offenburger und jetzt in Bodelshausen bei Tübingen seinen Globus drehende Abgeordnete nicht nur das Friseur- und Jürgenmäßige, sondern, als Möllemanns optische Ededition, auch dessen Trieb zum Duft großweiter Welt. Richten sich Möllemanns Anliegen aber bevorzugt auf Scheichs und Waffen und diesbezügliche nimmermüde Dienstwagentelefonate: so setzt Todenhöfer solcher fleischgewordener Windigkeit mit Schnauzer die sanft-beschwörende Überzeugungsmacht und männlich-schöne Bonität des deutschen Versicherungsbezirksvertreters aus dem Werbefernsehen darwider, partiell auch die airmäßige Aura des Rex Gildo, der aus Versehen ursprünglich mal Richter geworden war – mit anderen Worten: Gravitationszentren seines globalen Denkens und Planens bilden seit Jahren und vermehrt zwei weltpolitische Problemblöcke der allerersten Garnitur. Nämlich Afghanistan und, speziell seit 1985, die wünschenswerte Weltraumarmierung: »Anliegen von SDI ist, die Militarisierung des Weltraums zu beenden. Ich bin der festen Überzeugung, daß SDI zur größten De-facto-Abrüstung seit dem Zweiten Weltkrieg führen wird. Denn SDI ist die beste Trumpfkarte für Verhandlungen mit den Sowjets!«

Da sagt's doch mal einer. Selbst ZDF-Löwenthal staunte und schaute leicht betreten, ja ungläubig.

In den Jahren vorher, seit dem Gleitsturz von 1980, der zufällig mit der Russeninvasion konvergierte, war primär Afghanistan dran. Ob Todenhöfer am 27. 12. 84 zum 5. Jahrestag der Invasion »unbewaffnet« und in Anlehnung an jenen weiland amerikanischen Sicherheitsberater mit dem unaussprechlichen Namen an einem Rebellenangriff auf die Russen, 100 km vor der pakistanischen Grenze, teilnahm und dazu aus Deutschland auch gleich sein TV- und Video-Team mitbrachte; ob kurz darauf von Protesten aus Islamabad wider solch »ungesetzliches Eindringen« zu lesen stand; ob der Abgeordnete am 9. 1. 85 bei Löwenthal für die Aktion »Sanitäter für Afghanistan« warb und klagte, »die freie Welt« habe Afghanistan vergessen; ob er im Zuge einer »Bild«-Aktion einen todkranken Afghanen in die Tübinger Uniklinik einlieferte –: Die Medien hallten und summten in der wünschenswertesten Weise wider. Jawohldoch, er war wieder im Kommen, der schon verschollen geglaubte »Mr. Bundestag« – und wir hatten unseren Augenschmaus daran. Wäre ja zu schad' gewesen, wenn eins der größten Talente der CDU, klug wie Strauß, schön wie ein Apoll und fast schon so soigniert wie Boenisch, nur wegen einer einzigen unbedachten Äußerung aus den späten 70ern, gerichtet gegen den damaligen Oppositionschef Kohl, in die Binsen gegangen wäre: »Im Schlaf kommt man nicht an die Regierung.«

Hätte er nicht sagen sollen. Als es nämlich 1980 Strauß mit wachem Lärmen auch nicht packte, da sah's plötzlich duster aus für jenen, der, einst gesponsort von Kiesinger, werweiß schon balde in die Fußstapfen Adenauers steigen wollte. Dabei hatte sich eine Traumkarriere abgezeichnet. Todenhöfers Vater und Kiesinger kannten sich aus schweren Nazizeiten her; Kiesingers eigener Sohn kam wegen eines Bankeinbruchs in Tübingen als Kanzler nicht mehr in Betracht; Todenhöfer selber machte sich als Dr. der Rechte und Richter gut – und das einzige Negativum, der früh kurrente Spitzname »Hodentöder«, der war ja nun wirklich zu albern. Der Dr. wurde, wie sich's gehört, »persönlicher Referent des CDU-Generalsekretärs« (Posten gibt's), Arbeitsgruppenvorsitzender Entwicklungspolitik, entwicklungspolitischer Fraktionssprecher, Mitglied des auswärtigen Ausschusses; er wurde sogar berühmt, als er der SPD-Regierung dies zu knacken gab: »Die Ostpolitik ist in eine Sackgasse geraten« – worauf Wehner ewigschön parierte: »Der Sack sind Sie!« –

– indessen, Negativwerbung ist grad so gut, ja, alles lief ganz prima für den jungen Mann, der so schön war und dabei auch, wenn's sein mußte, noch so wehbetroffen, ja waidwund-und-doch-unbeirrbar dreinschaun konnte; nicht mal Strauß fiel m. W. ein Witz über ihn ein. Und dann – passierte die Sache mit Kohl. Traurig.

Gut, daß es da die Tragik der Afghanen gab – besser noch den »Krieg der Sterne«. Noch war nicht ganz klar, was Genscher dazu meinte, geschweige denn Kohl. Vollends wiedererstarkt marschierte Stratege Todenhöfer jetzt trotzdem schon mal in die Zeitungsredaktionen und als »einer der besten Kenner der Materie« (Löwenthal) ins ZDF-Magazin ein, legte dar, wie's nach der flexible response weitergehen sollte, zerlegte Bahr, der »dem Westen in den Rücken falle«, und legte auseinander, hingebungsvoller noch als vorher betreffs Afghanistan, er sehe seine »Pflicht« darin, »nach der besten Verteidigungsstrategie zu suchen«, nämlich »durch deutsche Beteiligung an der SDI-Forschung«.

Auch wenn SDI nicht nur ethischer, sondern, wie man liest, auch technologischer Humbug ist – ja mei, irgendwie muß halt eins zu seinen Karrieresternen greifen bzw. sie wieder zusammenleimen, dieser eben via Afghanistan und Schwerballistik – und wenn nur Löwenthal bei beiden Gelegenheiten nicht so unglaublich verlogen und verhurt dreingeäugt hätte: der linden Leidensmiene Todenhöfers hätte man alles glatt abgekauft.

Nur im Saarländischen Rundfunk kam dem Experten hörbar einiges durcheinander. Da rief er nämlich »die Sowjetunion auf, gemeinsam mit den USA ein Raketenabwehrsystem im Weltraum einzurichten« (FR 22. 5. 84)

Seltsamseltsam.

Unter den vielen Varianten neudeutscher politischer Schrumpf- und Fassadenexistenzen verkörpert Todenhöfer, heute 44, eine interessante, vielleicht die akuteste. Ist Möllemann einfach zu windschnittig; kommt Wißmanns Geblaffe halt gar zu augenrollend pennälerhaft-dümmlich daher; hat sich die SPD zwischen Glotz und Hauff noch nicht festzulegen getraut: so haben wir in Todenhöfer nicht nur den Traum jeder Mutter von einem Schwiegersohn vor uns, nein, diese sanft sänftigende Lackaffenhaftigkeit vor dem Adel eines richtiggehend richterlichen Seriositätshintergrunds mag auch jenen erwärmen, der den Aftergestalten des Know-how- und Risiko-Sharing- und polyvalenten Connections-Service-Zeitalters erst mal mißtraut. Das weiche Timbre, der besonnen-besonnte Blick, zuweilen ins beschwörerisch Gramvolle entrückt – prädestiniert die Sanftheit einer solchen visio pulchra ihren Besitzer nicht nachgerade zum Botho-Strauß- oder zumindest Handke-Exegeten für alle dritten Programme?

»Die Physiognomik ist nächst der Prophetie die trüglichste aller Menschenkünste« (Lichtenberg, F 890). Eben. Todenhöfers Ringinger Aschermittwochsrede 1985, »Die Stunde der Wahrheit«, in der er den »Kuhstall«-Geruch der grünen »Busengrabscher« beklagt, ist da schon verläßlicher und straußischer. Auch dies: »Führungspositionen der Grünen sind mit Terroristen besetzt.« In »Bild am Sonntag« aber teilt Todenhöfer ergänzend mit, daß RAF-Häftlinge »ein süßes Leben« führen.

Sagt er so was, um halt irgendwas zu sagen? Um die (laut »Zeit«) seit Weizsäcker wieder gewachsene »intellektuelle Satisfaktionsfähigkeit der CDU« nochmals zu steigern? Nun, viele hören's gern – und ebenso gern lesen sie in »Bild« unter einem wunderbaren Foto einer wundervoll intakten Familie, daß, passend zum antirussischen Engagement, Todenhöfers zweite »hübsche Frau Françoise (32)« als drittes Kind eine Nathalie-Malalei geboren hat, denn: »Malalei ist eine berühmte afghanische Freiheitskämpferin.«

»Ein Brechmittel«, so ein Tübinger grüner Stadtrat. Sein Comeback scheint gesichert, werweiß ist der Abgeordnete heute dicker da denn je. Springer peitscht ihn nach vorne, bei Löwenthal ist er Dauergast, die »Rheinpfalz« räumt ihm eine volle Seite ein, seine Weltraumideen zu entwickeln – und wo einzelne Blätter wie das »Schwäbische Tagblatt« noch renitent sich zeigen sollten, da setzt der Gewiefte wider diese »Neckarprawda« eine gut durchtrainierte Leserbriefschreiber-Crew ein, die ihm angetanen Ungerechtigkeiten zurechtzurücken.

Nein, einem derartigen Hoffnungsträger sollte Kohl nicht länger gram sein. Zumal ihm der Reuige im ZDF und in Sachen SDI die Treue schwor: »Es gilt natürlich das Wort des Kanzlers!« Zwar wird Kohl dies Wort auch nicht mehr so genau wissen – indessen, zumal ja auch für den Herbst allerlei Prozesse anstehen und die ministrablen Leute auszugehen drohen: Eben deshalb möge der Kanzler seinem Hirn einen Stoß geben, Todenhöfer wieder ins erste Glied holen und – ihn zum Minister schlagen. Für Post und Entwicklung. Oder Weltraum oder was. Nun Scholl einsitzt und Möllemann nachläßt, wäre wieder mal ein CDU-Mann dran. Uns zu erfreuen und sich selber zu erledigen. Dieser – jede Wette! – zum zweiten Male.

Unser Lautester

Die alte Frage, ob eins deutscher Kritikerpapst oder doch eher ein »Frankfurter Suppenkasper« (so Kritikerkollege Wolfram Schütte) sei: sie wird in diesem Leben nicht mehr so ganz zu klären sein. Einig bei Marcel Reich-Ranicki sind sich immerhin alle – und so auch ich mich mit mir, wenn auch erst nach langen Zweifeln – über den enormen, ja unbezahlbaren Unterhaltungswert dieses »interessantesten deutschen Literaturkritikers« (so ein dtv-Bändchen voll von Aufsätzen und Kommentaren über ihn); ja mei, wenn eins schon evtl. ein Suppenkasper (erg.: auf dem Tellerrand des von ihm verehrten bzw. dauerpostulierten »psychologischen Romans«) ist, dann muß er wenigstens »interessant« sein.

Im eigentlichen Fachbereich ist RR umstritten. Seit 17 Jahren hält ihn z. B. Peter Handke für den »unwichtigsten, am wenigsten anregenden, am meisten selbstgerechten deutschen Literaturkritiker«. Christian Linder, auch er ein Kollege, ergänzte 1979: »Er selbst kann nicht schreiben und sagt einfach, die anderen könnten nicht schreiben. Er kann nicht denken und sagt einfach, die anderen könnten nicht denken.«

Da ist was dran. Obwohl die Mehrheit es ganz anders sieht. Ihr gilt RR als dito Kritikerpapst, als Autorität, als »Kunstrichter«, zuweilen in Anspielung an Filbinger als »furchtbarer«, er gilt ihr im Guten wie im Bösen als »Beckmesser«, als »forensischer Charakter« (Peter Demetz), neuerdings als »Cholericus Maximus« (M. Gregor-Dellin). Inzwischen und in gewisser Weise scheint RR überhaupt kein Literaturkritiker mehr zu sein. Sondern irgendwas zwischen Machtmensch, Showman, Gaudibursch und Börsianer.

Traxler
1985

Im Zweifelsfall ein irgendwie postmoderner Charakter; was immer nun das wieder sei. »Dies ist ein schlechter Bücherherbst!« So die ungefähr jährliche Börsenbilanz. Abgesehen von der Frechheit, daß er die meisten der jeweils angefallenen Bücher gar nicht kennt noch kennen will: Wer so in der Manier eines obersten Weinbauernfunktionärs die Literatur der Saison bilanziert, der muß das Gemüt eines Dreschflegels haben. Aber freilich: Hörbar glaubt er das alles ja selber nicht. Er trommelt und röhrt halt einfach vor sich hin. Sei's zur weiteren Machtentfaltung, sei's aus irregeleiteter Vitalität, sei's einfach zum Spaß. Irregeleitet? Ach was. Grad recht für uns, wahrscheinlich haben wir nichts Besseres verdient als diesen Krachmacher.

Unser Lautester von der Frankfurter Allgemeinen lärmt im allgemeinen getragen von einer ungeheuren und schon wieder staunenswerten Einfalt des Gedankens und des trotzdem nicht einmal dessen Geringfügigkeit zum Ausdruck verhelfenden Wortes, welche beide deshalb jedenfalls um so kraftvoller aufzutreten vermögen, je absenter sie nichtsdestoweniger bleiben. Rezensionen von RR zu lesen, ist deshalb in gewisser Weise ein Vergnügen. Ihr methodisches Arsenal ist schlicht:

1. Aufzählung dessen, was RR alles kennt.

2. Reihung von Schein-Paradoxa – Freund Walter Jens nennt es »Parallelismus der Antithesen« – in nimmermüdblindwütiger Endlosigkeit: »Heiliger und Narr, Poeta doctus und Bürgerschreck, Magister ludens und Vagabund« usw.

3. Die Kritik ex negativo, d. h. die sinnlose Aufzählung dessen, was alles nicht in einem Buche steht. Damit füllen sich die FAZ-Seiten. Meine eigene vorletzte RR-Einlassung, die Parodie »Herrmann Burrger«, übertreibt wirklich nur zu höchstens 20 Prozent: »Herrmann Burrr-

gers Prosa kennt kaum den Endreim und den Jambus, sie verzichtet auf Enjambement und Stabreim, die Ghasel lehnt er ebenso ab wie die Ode . . .«

Mit ähnlichen Leerformeln feierte RR vor drei Jahren die Lyrikerin Ulla Hahn. Über weite Strecken herrschte reiner Nonsens.

Es ist so wie bei Gremlizas Theo: Wo er hinlangt, langt er zuverlässig in den Dreck. Ob er anläßlich des Romanmachwerks »Der Liebhaber« von M. Duras die gestiefelte und gespornte Frage vom Stapel läßt, wo denn eigentlich die Liebe im zeitgenössischen deutschen Roman bleibe (als ob der nicht, nach kurzer Abstinenz, seit Jahren wieder überschwappte von Liebe, Liebe, nix als Liebe); ob er in John Updike, stellvertretend für die eigenen Altherrenphantasien, den Großerotiker lobt, ohne zu erahnen, daß die einschlägigen gerade die mißlungensten Partien bei diesem Autor sind; ob er sich, in einer spektakulär-spekulativen Großabrechnung, an Karl Kraus vergreift und nicht merkt, daß Kraus ihn lang vorausgeahnt hat: als einen, dessen von den Dummen vielbewundertes Wissen sich einem ebenso geräumigen wie hohlen Kopf verdankt, in den halt ungeordnet viel hineingeht.

Praktisch überall, wo er hinlangt, wächst kein Gras von Vernunft mehr. Noch wo er recht hat, hat er's aus den falschen Gründen. So im Fall des Verrisses des letzten Epos von Botho Strauß, der ihm einfach nicht so schreibt, wie er, RR, es gern möchte. Und möglichst verstünde.

Um mich, weil es noch keiner besser gesagt hat, nochmals selber aus einer früheren Studie über RR zu zitieren: »Ohne auch nur eine Sekunde dem Nachdenken über eine Frage, der Suche nach einer Formulierung einzuräumen, schnarrt unser Lautester los, das ewig gleiche Einerlei, in alle Röhren, in allen vom Volksempfänger gern gehörten Phrasen. Selbst wenn der Mann ein Hirn zum Denken hätte, er ließe ihm ja einfach keine Zeit, einen Gedanken ordentlich zu produzieren.«

Und, in der »Herrmann-Burrger«-Parodie, ins (kaum) Satirische gewendet: »In Herrmann Burrrrger verehren wir den Schmelz des Brillanten ebenso wie die Rasanz des Furiosen und die Gekonntheit des Psychologischen und Psychopathischen und was uns halt sonst noch unreglementiert an hartköpfigem Altherrenschmonsus aus der Volkshochschule von 1930 durch die Rübe rauscht.«

Wer will, kann den wahnsinnig gewordenen Literaturstiefel im Original nachlesen in den beiden großen FAZ-Rezensionen über Ulla Hahn und Hermann Burger sowie im ziemlich unsterblichen Buchmessen-Leitessay von 1980: »Über den Herbst unserer Literatur.«

Der alles in allem verheerende Prägeeinfluß von RR ist mählich scheint's auch bei den Autoren angekommen: »Er schreibt über mich, also bin ich«, schreibt, völlig im Ernst, Wolfgang Koeppen. Und Martin Walser, den einst ein Verriß traf, veröffentlicht (im besagten dtv-Bändchen) einen Alptraum, der RR zum Thema hat. Um die Kopfgesundheit deutscher Autoren muß man sich langsam Sorgen machen.

Nicht aller. Ein von RR hochverehrter Suhrkamp-Autor erzählt beim vierten Grappa jedem, der es wissen will: »Ein so reizender Mann! Seine Katastrophe: Er hat von Literatur keine Ahnung!« Den Einwand, so hart könne man es auch wieder nicht sagen, läßt der Autor, zum fünften Grappa greifend, nicht durchgehen. Sondern lacht fast diabolisch: »Nein! Keine Ahnung! Keinen Schimmer! Nichts!«

»Alle möglichen Fazilitäten der Kommunikation« befürchtete der alte Goethe, mit dem »Resultat der Allgemeinheit, daß eine mittlere Kultur gemein werde«. Fazit: RR, auch er ein Mann Goethes, erhält von Walter Wallmann die Goethe-Plakette.

Reizend auch, daß einer, der einen wunderbaren Schädel auf und ein paar allerdings sehr erheiternde Volkstheatergrimassen von Dämonie drauf hat, bei uns als »Mephisto« durchgeht. Nein, auch diesen Schwachsinn wollen wir keineswegs tadeln, sondern stille und dankbar sein. Und registrieren, daß wir hier, endgültig infiziert, jenen bei RR herrschenden Pluralis majestatis adaptiert haben, mit dem Kraus, Schopenhauer zitierend, in der »Fackel« Nr. 98, S. 4 abgerechnet hat; nämlich mit der Impertinenz der »Wir«-Sagekritiker, die in Wahrheit im Diminuitiv, ja Humilitiv schreiben müßten. »Meine erbärmliche Wenigkeit« oder »Meine verkappte Inkompetenz«.

Die FAZ-lesenden und TV-Kultur-schauenden Chefärzte und pensionierten Generäle stört's wenig. Sie brauchen Autorität. Einer muß schließlich im Pluralis sagen, wo's langgeht.

Das erwähnte dtv-Bändchen schildert RR als vitalen und staunens-, vielleicht sogar liebenswerten Menschen. Gleichzeitig dämonisiert es einen Mann zum letzten Mal, anläßlich dessen doch allenfalls Fröhlichkeit über einen kuriosen Fall von Flachsinn geboten wäre. Und es perpetuiert die Legende, die natürlich keiner, der das »verkommene« (Boehlich) Gewerbe kennt und noch einigermaßen bei Trost ist, abkauft: daß Liebe zur Sache RR umtreibe. In Wahrheit geht es, wie denn anders, um pure Machtentfaltung, die sich günstigsten- bzw. schlimmstenfalls vor lauter Betriebsnudeligkeit mit Liebe verwechselt. Wobei ziemlich wurscht bleibt, ob RR mehr den Verreißer und Richter und Henker darstellt oder, wie man neuerdings, z. B. von Jens, zu hören kriegt, vielmehr ein Gönner und Förderer junger Begabungen sei. Und wen hat er im letzten Jahrzehnt begönnt und gefördert? Handke, Strauß und Bernhard, als sie schon berühmt waren und nichts mehr taugten. Seit 1984 einen Robert Gernhardt mit

20jähriger Verspätung. Sowie seit 1983 die beiden Luschen H. Burger und Ulla Hahn. Nein, von diesen beiden Genialitäten hätte die Welt sonst wahrlich nichts erfahren.

»Er empfindet Wonne, wo er loben darf«, teilt Jens mit. Ist er so verlogen – oder wirklich so blöd? Wonne empfindet RR, wie Jens, dann, wenn er den Mund aufreißen, mit den Armen fuchteln und Grimassen schneiden darf.

Am 2. 6. 1985 wurde unser Lautester 65. Schon vorher kündigte er an, er gedenke keineswegs zu retirieren. Weder bei der FAZ noch sonstwie. Sondern mopsfidel und pudelwohl werde er weiterwursteln, unverletzlich wie die Dichtung selber. Man muß es begrüßen. Nämlich ihn irgendwo mögen. Nicht nur dafür, daß er uns wohltätigerweise sein ganzes Leben lang nie mit seiner Getto-Vergangenheit belästigt hat – andere würden nimmermüd hausierengehend davon leben. Viel Fluchwürdiges hat unser Mann zeitlebens angerichtet; und doch, auf dem Scheitelpunkt seiner Jahre muß man ihn für einen rechten Trost und Segen erachten und lobsingen dem vorerst unverzichtbaren Statthalter der deutschen Sprache in der Ära Kohl. Klammen Herzens, doch inbrünstig sei's trompetet: Ad multos annos!

Schlüss
mit
Traxler
85

B. Rütting, Denkerin

»Mein Prozeßtermin in Mutlangen, das fällt mir beim Tod Heinrich Bölls wieder ein, war genau auf das Datum festgelegt, an dem die Russen in meinem Heimatort einmarschierten. Vater war Nazi, auch ich blickte dem Feind voller Haß entgegen. Geschützdonner und das Geräusch rollender Panzer verstummten – ich hörte die ersten russischen Laute. Ein vorsichtiger Blick aus der Luke des Luftschutzkellers: zwei junge Menschen in russischer Uniform sprangen über unser Tulpenbeet, um die Blumen nicht zu zertreten, ein Mädchen mit langen semmelblonden Zöpfen und ein schwarzäugiger Junge. Und ich dachte: Das sollen nun unsere Feinde sein?«

Das hat es bisher noch nicht gegeben, daß sich eins mit einer einzigen kurzen schriftlichen Wortmeldung in den Olymp der »Erledigten Fälle« hochgedient und Zutritt ins Lager derer verschafft hat, die oft jahrelang dran basteln müssen, aus dem grauen Heer der mittleren Peinlichkeit herauszuragen. Der Schauspielerin Barbara Rütting ist es gelungen.

Das »Zeit-Magazin« veröffentlicht seit einigen Monaten, gesammelt von Rolf Hochhuth, der später sicher ein Buch draus machen wird, pro Heft 1 Seite Notizen »Wenn ich ein Tagebuch schriebe«. Zu Wort kam bisher gut 25mal eine Auswahl deutscher Prominenz und Halbprominenz, welche Hochhuth offenbar für repräsentativ oder interessant erachtet: Politiker, Künstler, irgendwie öffentliche Personen. Die ehemalige Schauspielerin und Revolver-Lady z. B. der alten deutschen Edgar-Wallace-Filme B. Rütting ist eine solche, seitdem sie sich für die

Friedensbewegung, gegen Tierversuche und für gesunde Ernährung einsetzt. Dem gestiegenen Anspruch an sich selbst trägt das fiktive Tagebuch Rechnung:

»Vielleicht weil ich vier jüngere Geschwister hatte, war ich immer dazu verurteilt, ein artiges Kind zu sein. Es kostete mich ungeheure Überwindung, mich da so unartig in Mutlangen vor den Drahtzaun zu setzen, wenn auch mit den anderen friedlich singend, mein selbstgemaltes Pappschild im Arm: ›Bruder Polizist, Bruder Bundeskanzler, ich sitze hier auch für dich und deine Kinder.‹«

Der »Bruder Orang-Utan«, welcher Monate vorher an gleicher Stelle trotz ihres dringlichen Gesprächswunsches der Bundespräsidentenkandidatin L. Rinser den Gruß verweigerte: er scheint keine Ausnahme, sondern so symbolisch für die Magazinserie wie deren Brüderlichkeitsappelle insgesamtlich stellvertretend für den neuen guten Menschen an sich. Fast möchte man Kohl dafür loben, daß er den Mutlanger Heroen, deren selige Erinnerung sich damit tagebuchweise aufgeilen geht, abermals kein Gehör geschenkt hat; sondern seine beiden Kinder lieber irgendeine wahllos dumpfe Karriere machen läßt.

»Und ich ging freiwillig mit, als die Polizisten mich wegtragen wollten, um ihnen die Mühe des Tragens zu ersparen. Und ich saß doch auf deutschem Boden, von dem nie wieder ein Krieg ausgehen darf, heißt es im Grundgesetz. Aber die Pershing ist doch eine Erstschlagswaffe, das hat selbst Herr Wörner zugegeben. Aufgestellt zum Töten von Mädchen mit semmelblonden Zöpfen und schwarzäugigen Jungen.«

Ganz hat sie den Kitsch des Naziwesens wie des Heimatfilms, dem B. Rütting diente, trotz der politisch geweiteten Perspektiven noch nicht hinter sich gelassen. Aber das ist, wie man weiß, ein Problem des Grünen- und des Friedensbewegungs-Umfelds generell. Gegen »die Sache« selbst ist wenig zu sagen. Oder vielmehr doch?

»Nicht Partner, nicht Freunde hatten Zeit für mich an meinem Prozeßtag. Wie froh sie alle waren, glaubhaft versichern zu können: sonst gern, jederzeit, aber ausgerechnet heute. Ich fühlte mich sehr einsam. Bis Hinrich von der Mutlanger Dauerpräsenz mit einem Usambaraveilchen anrückte. Damit du weißt, du hast Freunde (. . .) Eine unbekannte Frau drückt mir einen Strauß roter Tulpen in die Hand – rote Tulpen, wie sie vor 40 Jahren in unserem Garten blühten. Ich verteidigte mich selbst. Redete von dem russischen Mädchen mit den Zöpfen, meinem Nazivater (. . .)«

Von der »Zeit«-Tagebuchserie berichtete »Titanic« in satirischer Form bereits im letzten Heft. Man hat freilich Anlaß, nicht nur das Ganze hochverdächtig, sondern auch die Diariumschreiber einzeln studierenswert zu finden. Daß von (siehe oben) Luise Rinser über Petra Kelly und Ernst Albrecht bis zu Gabriele Henkel die allermeisten der Autoren die Grenze zum Un-Dichten deutlich überschritten haben, ist, höre ich, vielen Lesern aufgefallen. Bei B. Rütting scheint erst mal und unnachgiebig eine harmlosere Kraft zu werkeln und zu rütteln: Das alte, etwa von Robert Musil beschriebene »Tugut«-Syndrom, nach dem eine unwiderlegliche Humanität als aufgescheuchte Philanthropie gleichsam eo ipso und stante pede mangels Widerstand in die Bescheuertheit des fraglosen kategorischen Imperativs überkippt; wenn die Metapher ausnahmsweise durchgeht. Aber ist es nicht noch etwas anderes, Dämonischeres, was die Lektüre solcher Konfessionstexte über ihre schiere Plage hinaus ins Hoffnungsferne reifen läßt – trotz all ihrer Bonevoluntatis?

»Richter Mayerhöffer allerdings sah das alles anders (. . .) schließlich gehe Verkehrsrecht vor Demonstrationsrecht (. . .)«

Und das ist höchst kurzsichtig, wie sowohl B. Rütting

als auch die komplette »Zeit«-Leserschaft als sogar ich weiß; denn (eine Zeile später kommt das Code-Wort) wir sind »Betroffene«; wogegen der Richter sowieso ein Depp ist; aber warum wird einem trotzdem Zeile für Zeile vor lauter déjà-vu und Hirnschwurbel immer schlechter?

»Ein heißes Herz kriege ich, wenn ich an Luise Rinser denke, ebenfalls so eine Mutige.«

Nach allem bisher Gesagten kann die andere »Mutige« nur B. Rütting sein; dessen sollten wir uns hier kurz inne werden.

»Wie Luise Rinser in Fulda gegen die Haltung der Bischöfe im Dritten Reich gewettert hat! Die Fernsehkameras ruhten auf ihr, als verkündet wurde, nicht sie, sondern Richard von Weizsäcker sei zum Bundespräsidenten gewählt worden. Wie sie da gelacht hat! Ihr Schmerzensgesicht plötzlich eine vergnügte Sonnenblume.«

Es hat schon was Geisterhaftes. Natürlich hat jeder, der Augen dazu gekriegt hat, anläßlich Rinsers Kandidatinnenaufmarsch im Fernsehen eine geradezu irrsinnig eitle, vor Betriebsnudeligkeit und Wichtigkeitswahn aus allen Knopflöchern ihres Schmerzensgesichts dampfende Frauensperson sehen und erspähen können; und ob ihrer arglosen Dumm- und Uninformiertheit seien die Grünen hier nochmals dreimal vermaledeit, denn unsereins wählt diese Partei ja auch. Aber gegen Blindheit und Ahnungsunfähigkeit kann man halt nichts machen – und vielleicht sind Johannes Groß (im FAZ-Magazin) und ich ja wirklich schon die alleinzigen, welche die geistig-seelische Verrottetheit dieser katholischen Urschel noch wahrnehmen; und wir bilden also einen erlauchten Zweier-Club . . .

»Noch eine von den fabelhaften Frauen: Margarete Mitscherlich. In ihrem Buch ›Die friedfertige Frau‹ schreibt sie: ›Es hat den Anschein, daß der das Weltgeschehen dominierende Mann in sich einen unveränderbaren Todestrieb, einen Zerstörungsmechanismus trägt, der ihn zwingt (. . .)«

Böll – Rinser – Mitscherlich: Von dem sie überfordernden Aggressionsgeschwafel abgesehen, plumpsen jetzt nur noch bedeutungssuggestive Namen aufs Tagebuch-Papier:

»Steckt denn wirklich in jedem Mann ein Killer, wie Renée Zucker nach dem Fußballmassaker in Brüssel behauptete?«

Da sei der obenerwähnte Böll vor. Von Zuckers Renée ganz zu schweigen.

»Ist ein ähnlicher Blutrausch unter Frauen vorstellbar? Ich meine, nein. Männer sind wohl sehr anders. (Doch, Alice!)«

Nach Zucker auch noch Schwarzer. Irgendwann hat sie wo was mitgekriegt und gleich mißverstanden – schon muß sie's names-dropping wieder weitertratschen. Es ist, so Salomo, alles eitel Eitelkeit. Die einst dem Hexer an die Gurgel wollte; die sich heute öffentlich gegen den Rat der Kosmetikindustrie spreizt, Haarfärbemittel zu benutzen; die für ein »kräftig gewürztes Roggen-Vollkornbrot« aus »biologisch aktiviertem vollen Korn« geradesteht und über gesunde Ernährung mehrere Bücher geschrieben hat –: Jetzt will sie ganz hoch hinaus:

»Aber Böll! Und Paul ist doch auch ein Mann! Der Gärtner Paul (. . .) Franz von Assisi war ein Mann! Sein Gebet: O Herr, mache, daß ich Freude bringe (. . .)«

Und fällt dabei so tief.

Wer setzt ihnen diesen Unfug in den Kopf? Rät ihnen, ihn unverdaut wieder von sich zu geben, voll auf die wehrlose Menschheit drauf? Das schlimmste Übelnis, scheint's manchmal, sind nicht die reaktionären Politiker und nicht mal die Faschisten, sondern die bonafide entsetzlich wirren und fehlgeleiteten Menschen, die ihre Ahnungslosigkeit mit der Welterlösung verwechseln und ihre Philanthropomanie mit dem innersten Zwang, sich à tout prix ausstellen zu wollen; und sei's im Kraut- und Rüben-Tagebuch der »Zeit«. Fragt sich wirklich, ob wenigstens der Herausgeber Hochhuth und die Redaktion ermessen, was für einen gloriosen Haufen Peinvolle und Verstörte und Summsköpfe sie sich da aufgeladen haben. Sollen alle Vorgeführten nur dem allgemeinen Gelächter ausgeliefert werden? Vermutlich nicht. Hochhuth scheint seit Jahren selber schwerst absent.

»Eine Gruppe junger Frauen besucht regelmäßig junge Vergewaltiger im Gefängnis: ein Versuch, im Gespräch Haß (auf die Frau) abzubauen.«

Flüchten oder standhalten. Das derzeit übers Land und seine Gazetten und Geheimzirkel hinwegschwirrende »rasende Gefasel« (erg.: der Gegenaufklärung; Klaus Laermann, Merkur 433, 1985), dies stammelnd-bekennerische Gegackere rund um die ewig gleichen und in ihrer Gleichheit wahllos wechselnden Reizthemen: Ach, wie wohl täte nach solchen Ladungen und Ballungen Gutheit ein Schuß Frivolität, Niedertracht, Zynismus, wenigstens Ironie – aber, nix da: Heißherzig wird dageblieben:

»Die Tierversuche gehen weiter, allen Protesten zum Trotz (. . .)«, schreibt sie, immer wohlgemerkt nicht für Zeilengeld, sondern in ein intimes Tagebuch. Was, nochmals, treibt eine offenbar wohlmeinende Seele dazu, derart weltgeistlichen Unrat in die Welt zu stemmen? Der Fall Rütting ist wirklich ein repräsentativer, wenn auch nicht so, wie Hochhuth sich das vorgestellt haben mag.

»In jedem Mann steckt ein Killer. Manchmal überfallen mich Todessehnsüchte wie in meinen best-schlimmsten Zeiten. Lieber Gott, mach, daß mich ein Auto totfährt oder mir beim nächsten Waldspaziergang ein Baum auf den Kopf fällt wie dem Dichter Horvath.«

Bei solchen Perioden mögen dann tatsächlich jene männlichen Killerinstinkte hochkommen, welche mir ein vollends humanistischer Kommentar der Berliner Zeitschrift »Tip« schon anläßlich meines kürzlichen Hüsch-Artikels attestierte. Und für Augenblicke stehe ich sogar zu ihnen. Denn: »Diese mörderische Empfindlichkeit«, welche Rütting nun sich und (ja freilich, die durfte nach Horvath natürlich nicht fehlen) auch Mildred Scheel zuwuchtet – die eignet auch mir. Nochmals: Wie kommt's, daß eins alles, aber auch wirklich alles mißversteht, nämlich verkitscht? Schlägt das »gesellschaftliche Unwesen der Halbbildung« (so Adorno vor 30 Jahren) im neueren Typus des kulturellen Aufsteigers oder Aufsteigewilligen auf diesen selber und seine im Ohnmächtigen verharrende Torheit zurück und im übrigen alles tot? Soll man dem intellektuellen Parvenu wie dem ökonomischen seine Selbstentlarvung freudig-diebisch gönnen – das Denken aber, frei nach Nietzsche bzw. Heine, besser den dafür vorgesehenen Spatzen überlassen?

»Gegen gewisse Traurigkeiten hilft die beste Vollwertkost nichts, kein Melissentee.«

Genau. Ihre Sagan, die kennt Rütting auch.

»Gut, daß ich keins der heftig ersehnten zehn Kinder bekommen habe, gut für die Kinder.«

Ei freilich, das hat uns gerade noch gefehlt. Daß dies Tagebuch mit seinem ersten vernunftdurchtränkten Satze schließt.

Ein starker Hoffnungsträger

Wohin die SPD, nun Rau als ihr Kandidat erkoren, in den späten 80ern lenken wird, ist momentan so wenig zu ergründen wie offensichtlich Rau selber. Zahlreiche Kräfte regen sich; der Charismatiker Lafontaine wie die Alertsozialisten Hauff und Matthiesen; hier ein Quäkerpietistiker Eppler, dort Glotz, dem die Technokraten- und Angestelltenfängerei zugunsten der Partei am Herzen liegt und der deshalb auch der Erfinder so dicker Hunde wie der »Qualifizierungsoffensive« ist; denkbar sogar, daß der scheint's unsterbliche Gewerkschafter-Typus Leber/Börner/Rappe sich weiterhin wichtig und am breitesten macht. Alles fließt, vieles ist zu befürchten, das meiste momentan vollends unbegreiflich – indessen: Aus der Reihe der Brandtschen »Enkelgeneration« heraus schaut uns Zutrauen stiftend eine ganze Riege von Zukunftshaltigen an, der vorerst letztbekanntgewordene aber betrat in Sonderheit am 21. 9. 85 in der Hofer Freiheitshalle das große Scheinwerferlicht, und es ist Karl-Heinz Hiersemann, der neue Landtagsfraktionsvorsitzende der SPD Bayern und mithin, wie Eingeweihte wissen, noch jenseits des gleichfalls in Hof gekürten Landesvorsitzenden Rudolf Schöfberger, der eigentliche bayerische Kopf.

Hiersemann, 41, Rechtsanwalt in Erlangen, breslaugebürtig, seit 1978 Landtagsvize unter Rothemund, gilt laut »Frankfurter Rundschau« und »Spiegel« als »Hoffnungsträger«; aber nicht nur: Insgesamt freut sich die Presse über den neuen »Herausforderer von Strauß« – der nach Hof gereiste Willy Brandt sieht ihn schon heute als »Angstgegner der CSU« – und Hiersemann sich selber als

»Dampfwalze«. Die so dampft: »Die bayerische SPD ist geprägt von Selbstbewußtsein, Engagement und dem Wissen um ihre eigene Kraft.«

Um die sah es in den letzten Jahrzehnten immer jämmerlicher aus und in der achtjährigen Ära Rothemund schon ganz beklagenswert. Mit Hiersemann und seinen 2½ Zentnern Leibesgewicht wird jetzt alles wieder anders. Der will die Partei schon 1986 von zuletzt 31,9 auf 35 Prozent emporwuchten. Und dann immer höher, bis dereinst in post-straußschen Tagen der Ministerpräsidentensessel erklommen wird. Von ihm.

Vorerst weiß man noch recht wenig über K.-H. Hiersemann. Nach der Hofer Wahl las man, Bernhardinerbesitzer und Angler und ehemaliger Juso sei er. Ein begeisternder Redner sei er schon lange, und in Hof habe er sich auch als leidenschaftlicher Emanzipatoriker nachgewiesen: Nach dem sog. Quotierungsantrag sollte bis 1998 jedes zweite Parteiamt von einer Parteifrau besetzt sein. Als das scheiterte, geriet Hiersemann in Zorn: »Ihr könnt nicht wie die Platzhirsche dasitzen und abwarten, daß die Frauen ihre Rechte selbst erkämpfen!«

Willy Brandt seinerseits teilte mit, Hiersemann sei bereits heute für die DDR ein »gefragter Gesprächspartner«. Die »taz« wittert im Duo Hiersemann/Schöfberger eine echte Chance wider die »lederhosenpopulistische CSU« (Schöfberger). Und die FR sieht es gerade so: »Hiersemann wird zugetraut, sich auch in ›Bierzelten‹« – warum diese Gänsefüßchen? Bierzelte gibt's in Bayern als politische Arenen wirklich – »gegenüber den Schwarzen behaupten zu können«. Und am positivsten beurteilt die Lage der bulligbärtige Hiersemann selber: Seine Wahl sei eine »entscheidende Etappe auf dem Weg zur Regierungsverantwortung in Bayern«. Denn: »Wir sind die Partei der 90er Jahre in Bayern.« Weil: »Die Ära der dominierenden

Führungspersönlichkeit Strauß geht zu Ende, einige graue Mäuse buddeln hilflos in ihren Startlöchern!«

»Ein Naturtalent«; so die FAZ schon 1981.

Überregional ins Bewußtsein drang der jetzt machtvoll knospende Hoffnungsträger bisher circa dreimal. 1982 geriet er als »Motor des parlamentarischen Untersuchungsausschusses« (Die Welt) im Zuge der Langemann-Affaire in den Verdacht, mit seinem Wissen sei Geheimmaterial nach draußen getragen worden – die CSU-Menschen hatten endlich ihren dunklen Fleck am rhetorisch brillierenden nachmaligen Angstgegner erspäht, an jenem, der sich da als »schärfster Frager« auszeichnete und »dabei Talente bewies, die auf den Schachspieler und Leser anspruchsvoller Krimis schließen lassen« (SZ).

1984, im Vorstadium des geplanten Honecker-Besuchs, verirrte Hiersemann sich versehentlich auf ein Unterschriften-Papier des Schach-Rechtsaktionisten Pachmann mit dem Begehr: »Die Mauer muß fallen.« Der Erlanger verwahrte sich dröhnend.

Und schließlich erschien 1985 anläßlich seiner vom Landesvorstand schon gebilligten bayerischen Führungsübernahme ein »Spiegel«-Artikel über ihn, und da drin teilte Hiersemann mit, daß er »eher bei Mitte-links« und überhaupt »ein g'standenes Mannsbild« sei, was ihm gewißlich »bisher noch keiner abgesprochen« habe, und daß er ferner einer sei, »der gern mit dem Bürger zusammen ein Fest feiert, mit ihm eine Maß Bier trinkt oder einen Schafkopf spielt«, d. h. daß er »schlichtweg genau so ein Bayer ist wie jeder andere auch«.

Und genau dies erbrachte Hiersemann, obzwar er sich »bemüht, nicht zu viel Deformationen zu erleiden«, praktisch aus der Anonymität heraus den rasanten Karrieretreppenaufstieg in die monatliche »Titanic-Peinlichkeits-Liste«.

Denn soviel »übergewichtige Überanpassung« fiel endlich auch jenseits der Landesgrenzen auf und zur Last.

Das Brett vorm Hirn bayerischer Sozialdemokratie hat sein Nachkriegshistorisches; und dessen Traumatisches etwas Mythisches: Wo der Hase auch hinkeucht – breitarschig sitzt der Igel schon da; aber der Hase wird trotzdem nicht schlauer. Schmählichen Eingedenkens erinnern wir uns der gloriosen Versuche Vogels, sich zwecks Pressefotos in einem Almhütterl als solches zu gerieren und in Vilshofen im prachtvoll unwürdigen Lodenlook dem in Passau benachbart brüllenden Strauß folkloristisch Paroli zu bieten. Ein Wahn, der später beim noch verheerenderen Rothemund und etlichen garantiert originalbayerischen SPD-Abgeordneten bis hin zum beharrlich auferlegten weißblaurautierten Selbstbinder nicht sich entblödend eskalierte. Jetzt in Hof aber macht Schöfberger sich einerseits und zu Recht über das »CSU-Lederhosen-Bajuwarentum« lustig – andererseits aber schickt sich die Partei an, mit dem »gemütlich wirkenden« (SZ) und »flink lächelnden« (Welt) neuen Hoffnungsträger nicht nur Bulle durch Gegenbulle, sondern auch Folklore durch Afterfolklore bekämpfen meinen zu wollen; Maßkrug durch Schafkopf. Wie man weiß, muß der christliche Igel da immer heftig lachen. Der rote Hase aber wird nicht nur nicht schlauer – er schämt sich dessen auch gar nicht mehr. Sondern neben Hiersemann und dem eingeborenen und deshalb halbwegs kreditwürdigen Schöfberger macht sich als dritte im neuen Führungstrio auch gleich noch Anke Martiny vor 330 darüber erfreuten Delegierten dafür stark, den bayerischen Defiliermarsch so gut wie niemand sonst dirigieren zu können.

Eine obsessive, eine ausg'schamte Bagasch. Der in Hof gastierende Sympathisant und Kabarettist Dieter Hildebrandt hat sich hoffentlich seine Notizen aus der Provinz notiert.

Falsch wäre freilich, den frühlingssturmstarken Hoffnungsträger Hiersemann nur auf Folklore zu reduzieren. Es hat auch sonst seine Reize. »Der Rednerpultstar seiner Fraktion« (Roswin Finkenzeller in der FAZ) bewährt sich nicht nur als Hunde- und Frauenfreund, sondern ist auch schwer gegen SDI. In Hof einmal in Fahrt, stellt er sich voll hinter Bülows Diskussionspapier und durchschaut klar die »Verfilzung und Spezlwirtschaft« unter der CSU-Herrschaft – schon 1981 zeigt er aber auch viel Verständnis für Tandlers neue polizeiliche Reizgas-Ausrüstung. Das hindert ihn nicht, im Mai 1985 der erzdummen SPD-Gewerkschafts-Aktion »Aufruf zur Phantasie« Folge zu leisten und 1300 davon faszinierten Münchnern abermals mitzuteilen, daß die Nazizeit an den Schulen »erfahrbar gemacht« werden müsse. Nach vielen Seiten offen, sagt der Hoffnungsträger schließlich und endlich überhaupt schon ziemlich perfekt genau das, was in den Zeitungen als Gaudi am zitabelsten wiederkommt. »Eine Teebeutelpartei« sei die Straußens, »nur ein Aufguß«. Im Zusammenhang der CSU-Scheinaktivitäten für Umweltschutz: »Hier wird in einem Ausmaß gelogen, daß ganz Altötting unter dem Ansturm zusammenbrechen müßte, wenn die Herrschaften von der CSU zum Beichten gehen würden.« Der gibt's eana aber. Sogar der Bundesregierung, die ihn »an Dantes Inferno in einer Inszenierung von Willy Millowitsch« gemahnt.

Man weiß noch zu wenig über den Hoffnungsträger Hiersemann. Dies immerhin scheint doch ausgemacht, daß wenigstens einer sich seiner mitreißenden Rede freut: Hiersemann. Nein, gar nicht wahr, die Delegierten in Hof waren von ihr genauso weg wie die 3000 Besucher; und zu Recht, denn gemessen an Rothemund ist der Hoffnungsträger fraglos ein Fortschritt – er kennt sich nicht nur in der Folklore flotter aus, sondern vor allem in der voll angepaßten Medienbedienung kraft Quatschsalberei. Die Frage ist nur, warum da der Kabarettist Hildebrandt noch nach Hof kommen mußte.

Die Frage ist zweitens und brennend die, ob der Neue nicht nichtsdestoweniger bei der falschen Partei dient.

Und die dritte Frage lautet griesgrämig genug dahingehend, warum uns all dieser zitierreif-eloquente Bruchbudenzauber seltsamerweise fast noch mehr auf den Wecker geht als das deutsche Politkabarett, die CSU und das ganze bayerische Gemöre miteinander.

Ob er's packt, der Hoffnungsträger? Wollen wir's abwarten und derweil wetten, daß, wenn er noch furioser wird, sogar wir uns von ihm einwickeln lassen, sobald er wahrhaftig, wie gegenwärtig demoskopisch, auf 38 Prozent vor- und damit sogar Rau langsam auf den Pelz rücken möcht'? Ach nein, am End' kriegt der Spuk noch recht. Legen wir ihn also lieber heut' schon und so vorsichtig, möglichst ohne daß er was merkt, wie hochverdient ad acta.

Eintracht und Wehmut

Nein, es hat keinen Zweck, sich länger in die Tasche zu lügen. Die Hoffnung war trügerisch. Die Hoffnung trog, daß die noch vor Jahresfrist hochgelobte sogenannte Fohlenelf der Frankfurter Eintracht in Bälde wieder erfreuen, erwärmen, ja zum Stolz der Stadt sich aufschwingen würde. Nein, bei Lichte betrachtet war eigentlich schon Anfang des Jahres einzugestehen, daß diese Hoffnung Selbstbeschwörung war. Nein, es bleibt dabei: Nach einer letzten, immerhin periodisch Glanz aufblitzenden Ära zwischen 1977 und 1981, als man an guten Tagen den Spitzenreiter Bayern München mit 6:0 und an mittleren Rotweiß Essen immerhin noch mit 9:1 niederzumachen vermochte, nach dieser letzten Spätblüte ist es jetzt endgültig aus. Längst nur noch von Verklärung umflort die Zeiten, da man im Herbst 1979, Cha Bum war eben zur Mannschaft Grabowskis, Hölzenbeins und Nickels gestoßen, hintereinander nochmals den VfB, den HSV und Bayern zur Strecke brachte; die beiden letzteren nach jeweils hinreißendem Finalfurioso. Ein spätes Abendrot von Ruhm und Größe schimmerte und glimmte da noch einmal auf, von jener Glorie, die 20 Jahre zuvor nach einem fast lächerlich einzigartigen Siegeszug zur deutschen Meisterschaft und im Jahr darauf mit 6:1 und 6:3 über Glasgow zum Europacup-Endspiel gegen Madrid geführt hatte. Nichts, nichts von alledem ist, und sei's als vages Spurenelement, verblieben.

Aus Wiesbaden schreibt mir der Dichter und langjährige Eintracht-Kenner Ror Wolf:

»Neinnein, spätestens nach dem Kummerspiel gegen

Die Riederwald-Klinik

Mannheim« – 0:0 – »ist das nicht mehr unsere Truppe. Diese kunstlose Langeweile geht mir auf die Bandscheibe.«

Und Wolf tippt knapp große Historie an:

»Neulich war ich wieder einmal in aller Unschuld auf dem Trainingsgelände am Riederwald, also da, wo ich vor vielen Jahren die aufregendsten Abenteuer erlebt habe: im Hintergrund die schwarzroten Zauberer; nicht nur Hölzenbein; oder vorher Huberts und Schämer, jeder ein Charakterspieler. Das ist alles verschwunden: eine Primanertruppe, eine Primanersportstunde, und am Rande gar nichts mehr, keine Magie, keine Kunst, nichts was ins Herz geht. Nur Mercedeswagen.«

Die Unfähigkeit zu spielen reicht der, darüber wenigstens zu trauern, ohnmächtig die Hand. Nein, keine Trauer; wohl aber Melancholie. Und so etwas verlangt nun unentwegt, daß unsereins nichtsdestotrotz zweimal im Monat das Waldstadion ansteuere, den Rücken zu stärken jenen, die jetzt nach jähem Erwachen schon wieder auf unser Mitleid spekulieren? Im Abstiegskampf nämlich – das düstere Wort ist längst gefallen da, wo man kürzlich noch in schierer Verblendung heimlich von der Meistertrophäe raunte. Nichts gegen Abstiegskämpfe. Der Heroismus, den z. B. der von 1971 bei Frankfurt mobilisierte, der ist uns in fast ebenso teurer Erinnerung wie die 59er Meisterschaft. Nicht so mit uns aber 1985/86. In Glück und Leid: Der Ofen ist aus.

Wohin sind sie geflohen, die Wonnestunden? I bei momenti des Entzückens, da das Herz sich weitete und zugleich zusammenzog angesichts dessen, was da einst die sogenannte Primadonna oder Primaballerina zumindest jeden dritten Samstag auf den Rasen zauberte! Nur eines winzigen Teils der Wunder gedenkt Ror Wolf, des schwerlich je Vergeßbaren. Noch viel weiter ließe sich zurückträumen: Zu Richard Kress' rassigen Haken auf Rechtsaußen, zu Pfaffs gezirkelten Freistoßtoren; noch mindere Helden der Durststreckenzeiten, die Landerer, Lechner, Lindner, werden im Eingedenken umsäumt von der Aura, dem Nimbus von Größe und Schönheit – im Vergleich zur Erbärmlichkeit dessen, was sich da seit Beginn der laufenden Spielzeit Woche für Woche trübsinnig wiederholt, vor eigenem Publikum zumal. Die Tränen, die man laut Beckett heute nicht mehr weint: trostlos erstarren sie in dem vom Angeschauten noch nicht einmal erheiterten Auge. Es ist nicht mal mehr zum Ignorieren.

Dies ist kein lokalpatriotisches Problem noch gar eins der Redaktion einer zufällig in Frankfurt logierenden Monatsschrift, welche sich Nachdenklichkeit sowohl als das Bewußtsein geschichtlicher Kontinuität auf ihre Fahnen geschrieben hat. Nein, es ist dies eine Fatalität, von der eine Nation, eine Republik schmerzlich berührt sein sollte; zumindest deren des überparteilich-historischen Denkens fähige Mitglieder, gleich ob in Frankfurt, Hamburg oder München; solche, die der Tatsache noch inne zu werden vermögen, daß die Frankfurter Eintracht einst Reichs-Kleinod des Volkes, ja des Volksstolzes war. Jene Eintracht nämlich, die, vorausgesetzt sie war gut ausgeruht, einst jede Ländermannschaft der Welt, und sei's den Weltmeister, packen und ausspielen konnte, wie sie's brauchte.

Schuld hat wer am Desaster der Gegenwart? Richtig, der Kapitalismus auch. Der Trainer? Gewissenlose sogenannte Spielerberater, die den Sinn der Aktiven mehr auf Bauherren-Modelle richten als auf den Tordrang, die ausgefeilte Technik und die unergründlichen Tiefen des Raums? Oder hätte doch und gar ausgerechnet U. Hoeneß recht, wenn er kundtut, der deutsche Fußball würde gesamtheitlich immer miserabler? Und bei der Eintracht wäre die Tendenz am Ende nur am sichtbarsten?

Feststeht und dem unbewaffneten Auge leicht erkennbar ist dies: Sie können's nicht. Sie können nichts, und der Verdacht ist begründet: sie lernten es auch nicht, wenn sie 100 Stunden die Woche trainierten. Gegen Waldhof hätten sie noch drei Stunden weiterwursteln können und hätten doch nie aus dem 0:0 ein schmähliches 1:0 sich abgehärmt. Es war nicht mal mehr zum hoffnungsbaren Zähneknirschen.

Heute spielen sie allesamt unter jenem Unstern, der den unsterblich unseligen Jürgen Mohr gegen Ende der letzten Saison nicht mehr verließ; sondern seine unglaublich unbedarften Aktionen nur noch mit Gelächter zu begleiten hieß. Berthold, Falkenmayer, Körbel, Krämer – es gibt schon kaum mehr Unterschiede zum Unsäglichen hin; zum allgemeinen Orkus an Nichtigkeit, welche ja schon bei der versuchten Ballannahme das Zuschauerauge schmerzhaft zucken läßt; allenfalls noch zum sogenannten »Joker« Müller hin, dessen jede einzelne Tat, ob mit oder ohne Ball, dem fühlenden Herzen nur noch tiefste Pein schafft. Selbst wenn die Mannschaft dem Abstieg 1986 noch einmal entwinden sich sollte: nur der blinde Zufall wär's und der makabre Segen, daß Nürnberg, Hannover und Saarbrücken zwar immerhin erträglicher aufspielten, aber hinten eben noch eine Idee weniger dicht waren.

O schaler Trost.

Ach der Erinnerung an die Grabowskischen Dribblings allercharmantester Zaubrischkeit! Ach der Ballverteilerkünste eines Bernd Nickel oder Don Alfredo Pfaff nebst beider ungeheurer Hämmer! Ach der Hubertschen Kreiselfigurinen im Geiste mäßig raschen Wiener Walzers! O der Sztanischen Tricks und Ballverzärteltheiten! Kressens Tordrang und der Brio-Antritt Rohrbachs! Athletik Chas, Neubergers Märsche! Ach der von Ror Wolf im Gedicht besungenen strammen Weitschüsse Schämers! Lebt wohl, ihr Hölzenbeinschen Finten und Kapriolen, die selbst Beckenbauer mitunter narrten, daß die entrückte Seele hoch aufjauchzte! Ausging von solchen Spielbewegungen etwas in Schönheit, Eleganz, Brillanz zuweilen Elektrisierendes, durchaus vergleichbar mancher Musik von Mozart, Mendelssohn, Chopin auch. Die Frankfurter Eintracht als sportlicher Widerschein der Frankfurter Schule, des Denkstils Adornos wie seiner artistischen Syntax; entflammter Witz, der beglückend oft direttissima aus dem Auftrag von Aufklärung zu kommen schien, der Kantischen Forderung nämlich, den Menschen aus seiner selbstverschuldeten Unmündigkeit zu erlösen und via Doppel- und Tripelpaß verwirrseligster Quirligkeit so etwas wie eine Utopie der Humani –

Wie auch immer: Adieu, adieu und never more.

Gewiß, Fußball-Genien wie Hölzenbein und Nickel wurden auch damals nicht alle Tage geboren; noch war allzeit ein Cha an Land zu ziehen. Und doch umschleicht die Darbeseele Düsternis: Ist's allgemeine Regression des Lebens, die jetzt wütet? Ist's eher doch ein Spiegelreflex der Vorstandschaft, die zu arrogant ist, wenigstens ein Abschiedsspiel für Hölzenbein zuwege zu bringen – und dies in einem tölpelhaften offenen Brief in der Stadionzeitung auch noch begründet? O pfui der Torheit eines Max Merkel, der in »Bild« der Eintracht nicht nur einen sicheren 10. Platz geweissagt, sondern diesem Management in seiner Vereinstabelle auch noch fünf von sechs möglichen Punkten gönnt.

»Laßt doch der Jugend ihren Lauf«, dröhnte in seiner Saisonvorschau das fachlich wie immer ahnungslose Fachorgan »Kicker«; verweisend auf den Mannschaftsschnitt von 23,2 Jahren. 15 Tore in 16 Spielen hat die Jugend bis Ende November zuwege gebracht, knapp die

Hälfte davon durch Elfmeter. Die Jugend, hahaha. Eine Veteranen-Elf aus Egon Loy, Friedel Lutz, Boy Höfer, Jusufi, Grabi, Holz und »Flutlicht-Meier«, verstärkt durch den aktuellen Schweden Svensson, kickte nicht schlechter und mit Sicherheit zwei Klassen schöner.

Verloren, verloren, Annabel Lee . . .

Machen wir uns nichts vor. Die Jugend taugt nichts und wird nie mehr etwas taugen. Der gereifte deutsche Postminister Schwarz-Schilling aber ist ein aufgeschlossener Mann. Zuständig für moderne Technologie, Zufriedenheit und Glück. Ihm gelte heute unser Appell: So es denn mit der Eintracht und pars pro toto mit dem Fußballganzen zur Götterdämmerung kommt und schon gekommen ist, so sorge – Schwarz-Schilling schleunigst für unser aller Augentrost. Indem er alte, verschollene Filmbänder aus TV-Archiven reaktiviere, massenhaft reproduziere und als preiswerte Video-Ware dem Volke wieder zugänglich mache. Etwa das 6:3 der Eintracht von 1960 im Flutlichtinferno von Glasgow gegen die dort wildwütig anrennenden Rangers. Erwin Steins knallkühle Konter, Pfaffs royale Regie, Lutz' Abwehrbollwerk – mögen sie unsere Samstagnachmittage abermals erhellen und erwärmen.

Schwarz-Schilling hat sich der Modernität verschworen; oft genug hat er's programmatisch kundgetan. Mit ihr jetzt ernst zu machen, scheint es höchlich an der Zeit.

FDP
ROLEX
FLICKEN
FLICKEN
FLICKEN
FLICKEN
FLICKEN
FLICKEN
Traxler 86

Hans-Otto, nebst Hans

Erwartungsgemäß kam es im Dezember 1985 zu seiner Verurteilung. Nichtsdestoweniger ist nicht zu leugnen, daß Person und Treiben des ehemaligen rheinland-pfälzischen FDP-Landesvorsitzenden Dr. Hans-Otto Scholl für mich allzeit etwas Begeisterndes hatten und haben. Nicht erst seit dem bewaffneten Raubüberfall auf das Baden-Badener Juweliergeschäft am 28. 12. 84. Gewiß war auch der überraschend und der letzte Glanzcoup eines sehr einzigartigen Politikerlebens. Aber ein Großteil meiner Begeisterung geht auf die ersten ›Spiegel‹-Veröffentlichungen 1980/81 zurück, auf jene dort erstmals publik gewordenen Abenteuer des noch jungen Pharma-Dynamikers. Seitdem, seit fünf Jahren, entgeht mir wenig, was Scholl anlangt; unvermeidlich wurde ich zum Fan.

Wie erinnerlich betraf der erste Komplex der Schollschen Un- und Sondertaten seine sehr kompatible Personalunion als Mainzer FDP-Spitzenmann sowie als Hauptgeschäftsführer der deutschen Pharmaindustrie, deren Gelder Scholl in »grenzenloser Eigenmächtigkeit« (so der Staatsanwalt) aber auch schon derart virtuos verschleuderte und befremdlichen Zwecken zuführte, daß wohl selbst die Pharmaherren ein paar Tabletten aus dem eigenen Sortiment schlucken mußten: wahnsinnig gewordene Gold-, Gemälde- und Teppich(!)käufe zugunsten des Verbands; PR-Ausgaben genannte Schmiergelder nicht nur für geneigte, sondern auch für die ungeeignetsten Personen; Erwerb eines Brillanten für 220 000 Mark und Geschenk einer Herrenarmbanduhr für 17 000 Mark obendrein; Mercedeskäufe in nicht mehr überschaubarer Vielfalt; ein »Mr. Jain oder Jaen« (Scholl) bekam im Sinne der deutschen Pharmazie 50 Goldmünzen ab und weiß bis heute nicht warum – mich persönlich faszinierte damals noch mehr ein Vorgang von seltener internationaler Schönheit: Nach dem Zeugnis seiner Ehefrau Gerda und offenbar vollends sinnfrei steckte Scholl bei einem Abendessen in New York einem brasilianischen Geschäftsmann 50 000 oder 100 000 Mark im Kuvert zu – wenn's denn wahr ist, muß es die reine Freude am Geldzustecken gewesen sein.

»Einfach Kauflust« vermutete damals doppelsinnig auch der Staatsanwalt und stellte das Verfahren wegen nicht ganz hinreichenden Tatverdachts der Untreue ein; Scholl entging knapp einer Anklage; eben »ein Naturtalent«, wie die »Frankfurter Rundschau« schon 1979 über jenen aufsteigenden Politiker geschrieben hatte, der als »militante Minderheit der FDP« die Bonner SPD-Liberalen »auf die Schnauze zu hauen« sich anschickte.

Allein 2,3 Mio. für Schmuck hatte Scholl namens der Pharmazie verjubelt – die blieben fortan dem Oggersheimer Kohl-Nachbarn als Manko im Genick. Nicht faul freilich, sondern froh kündigte das Naturtalent an, die werde er schleunigst zurückerstatten, indem er sich in der Industrie zu sanieren gedenke. Eine Zeitlang hörte man dann nichts von der Schollschen Geschwindexistenz – später las man, daß es in dieser Phase der relativen Gedrücktheit durch einen 310 000-Mark-Kredit einer Mainzer Bank, der sich »liberale Aktion« nannte, gleichwohl flott mit einem kleinen Park geleaster Mercedeskarossen für die ganze Familie vorangegangen war – und verblüfft vernahm man sodann aber 1982, daß Scholl zwar nicht mehr in den Parteivorsitz des Landes zurückgekehrt, wohl aber in den FDP-Fraktionsvorsitz im Mainzer Parlament aufgerückt sei. Die Frechheit des Landesvaters Dr. B. Vogel, die Rückkehr des verloren geglaubten Sohnes mit einem »deutlichen Unterton der Zufriedenheit« zu registrieren, wurde sogar von der FAZ als etwas pikierend empfunden.

Der bitterliche Rest ist soweit bekannt. 1983 flogen FDP und Scholl gemeinsam aus dem Landtag, der Lufthansa-Strohmann-Job (10 000 DM) reichte nicht mehr hin, die Zinsen zu bezahlen, geschweige denn Scholls noch immer brillantenen Lebensstil zu gewährleisten. Der einstige Jurist sah kein Land mehr – und am Ende stand das Baden-Badener Räuber- und Revolverstück. Sieben Jahre begehrte der Staatsanwalt, das Gericht legte noch eins drauf. Doch selbst drei Sekunden lang unterstellt, er sei tatsächlich Opfer einer gigantischen Verschwörung: an der kleinen Unsterblichkeit des Dr. Scholl rüttelte auch das nicht mehr.

Es hat etwas Begeisterndes, Grandioses. Diese Vita verfügt in neuerer deutscher Geschichte nur über einen einigermaßen gleichrangigen Präzedenzfall in der des langjährigen und allzeit honorigen CSU-Landesgruppenchefs Leo Wagner, dessen staunenswerte Bonner Umtriebe vor ca. fünf Jahren und gleichfalls erst dann bekannt wurden, als es nach einem panikartigen Schlußspurt ins bürgerlich-sittliche Verderben schon partout nichts mehr zu kaschieren gab; als es Wagner aber auch schon derart aus der Kurve seines verkrachten Doppellebens trug, daß vermutlich selbst Strauß den Hut des heimlichen Neiders zückte. Scholls Karriere freilich weist die Wagners leicht in die Schranken – dank ihrer Verwirrtheit und Spukigkeit; in ihren stärksten Phasen nimmt sie durchaus romanhafte, nämlich dostojewskische Züge an, so sich gleichsam selber adelnd. Abermals angenommen, Scholl sei nicht der Räuber: Allein seinem Gefummle rund um die Baden-Badener Tatzeit, dem Einkauf von Deodorants und »Tabac«-Rasierwasser, eignet etwas dämmrig Geisterhaftes; von den Züricher Juwelen-Safe-Aventüren, vom Blondfärben der grauen Haare zugunsten der Freundin gar nicht zu reden. All das hat weniger ambler- und highsmithmäßige denn Dostojewskis Farben, ja selbst dieser chaosfreudigste aller Romanciers, der seinen Spieler-Roman ja in der Vorahnung auch trefflich in Rulentenburg = Baden-Baden ablaufen ließ, hätte vor Scholls Leben oder aber Erfindungskraft spätestens mit der Einführung der Doppelgängertheorie und mit dem Auftauchen von »Ralph« und »Robert Weber-Perez« beschämt die Segel gestrichen; vor so viel bummsvitaler Phantastik.

Ein übermütiger Mann bis 1981; und noch der Marodeur von 1983 ff. war nicht unterzukriegen. Ein nachgerade wunderbares Paradigma für den neudeutschen politischen Schaumschlagsumpf – man kann's nur bewundern. Und darf, sollte der Mann denn acht Jahre aus dem Verkehr gezogen bleiben, schon heute auf sein Comeback 1993 ff. gespannt sein.

Es gibt, in einer offiziösen Kohl-Biografie, ein Foto, veröffentlicht lang vor seinem bürgerlichen Niedergang, das Scholl auf einem Wahlplakat zusammen und vertrauenstiftend mit dem damaligen Bundeswirtschaftsminister Friderichs zeigt – vorbei an dieser sozusagen doppelten Bonität schreitet aber gerade der noch junge Mainzer Ministerpräsident Kohl. Heute will Kohl vom »Kameraden« (Kohl) Scholl wenig mehr wissen – lohnend aber wäre eine vertieftere Versenkung in dieses hier zum Trio ausgeweitete Pfälzer Duo. Nicht nur ist Friderichs inzwischen gleichfalls, wenn auch weit weniger arg als Scholl, in die justizielle Bredouille geraten – auch er, einer der Mächtigsten seiner Zeit, hat kaum mehr einen Ast zum Sitzen. Ähnlich Scholl, genügte Friderichs um 1978 die traditionelle politische Laufbahn nicht mehr: Kaum 47 Jahre, teilte er der Welt mit, nun er mit 41 schon Minister gewesen, scheine einem Messias wie ihm kein politisches Amt mehr erstrebenswert; drum gehe er eben mal kurz in die Wirtschaft. Warum auch immer freute sich darüber speziell die Dresdner Bank und nahm den Elitemenschen mit so offenen Armen auf, wie etwa gleichzeitig der Pharmaverein Scholl die Kasse überantwortete. Heute müssen die Dresdner wieder ohne den seit 1985 »Freigestellten« auskommen – Friderichs aber klagt frech wie Oskar vor der 7. Großen Strafkammer des Bonner Landgerichts über ein »korruptives Klima«, über »unerträgliche und falsche Vorverurteilungen«. Trotzdem sieht's nicht gut aus auch mit ihm. Allerdings scheint Friderichs genau in dem Maße weniger interessant als Scholl, als seinem Hans der nicht tot zu kriegende Otto fehlt. Nur eine seiner Taten trägt wirklich Schollsche Handschrift: das urkundenvernichtende und strafvereitelnde Herausreißen von ein paar Seiten aus dem Bad Kreuznacher FDP-Kassenbuch, die der Chef im Reißwolf der Dresdner Bank eigenhändig zu Papierwolle drehte (was bei den Flick-Ermittlungen als straffreie »Selbstbegünstigung« gewertet wurde). Aber freilich, eine durchgedrehte Schwalbe macht noch keine Epoche noch es Scholl gleich – so einigermaßen vermag der Banker (»derzeit ohne Bankmandat«) sich vorerst in den Geleisen des Fast-Wohlanständigen zu halten; was durch seine neuliche Bestellung in den Aufsichtsrat der C. A. Kupferberg-Sektkellerei ja prompt und nur zu traurig bestätigt wurde.

Nein, ein Scholl ist und wird dieser Herrendarsteller nimmermehr, dazu reicht seine Prosaik nicht aus – so vieldeutig das erwähnte Friderichs/Scholl/Kohl-Foto auch unkt und schillert. Auch in Richtung Kanzler. Daß Scholl noch immer Nachbar Kohls in Oggersheim ist, im nämlichen Bungalow-Schuhkarton nämlich, der auch dem CDU-Mann als Ausweis regsamen Aufsteigertums einleuchtete; daß sich die Polizei im Vorjahr tatsächlich genötigt sah, in Kohls Keller nach Scholls Juwelen zu suchen; daß in der Mainzer Ära Kohl wahrlich so ziemlich alles aufeinandertraf, was heute in Sachen Flick/Pharma/Wein/Bestechung/Steuerhinterziehung/Parteispenden von Lambsdorff über Flick zu Scholl und Kohl Rang und Namen hat; daß sich Dr. Scholl und Dr. Kohl wie schon verhext auch noch reimen –

– nun, der eine wird halt so gerade noch Kanzler, der andere der Nation berühmtester Einzelräuber und zwingt selbst den sprachmatten Genscher nach der Verhaftungsmeldung vom Januar 1985 zu dem vergleichsweise pfiffigen Anerkennungspfiff »Mein lieber Scholli« –

– »das Unglaubliche« (FAZ), doch, hier wird's in jedem Betracht Ereignis, und deshalb plädierte im Dezember Anwalt Egon Geis auch konsequent auf Freispruch oder wahlweise Jagdschein: Scholl habe 1978 einen schweren Motorradunfall(!) nebst nachwirkenden Kopfverletzungen erlitten.

Doch, es hat noch in der allseitigen Zynik etwas Begeisterndes rund um die Person und Biografie Scholls – der aber will es vor der 1. Strafkammer des Landgerichts Baden-Baden bis zuletzt nicht gewesen sein. Sondern Opfer eines Komplotts. Welches Unholds List liegt hier verborgen (R. Wagner)? Hat der Gedemütigte sich so lange selber eingeflüstert, daß er's nicht war, bis er's endlich glaubte? Schon um dieser psychotischen Möglichkeit willen hätte ich dem jammervollen Mann den Freispruch gönnen mögen, schon ihretwegen stellt sich ein unbegründbares kurioses Mitleid ein, eins jenseits des christlichen. Zur unleugbaren Freude und auch Schadenfreude gesellt sich Rührung, die nach Gnade rufen möchte; und nicht mal weiß, warum. Ein tief korruptes, ein wundersam romanhaftes Leben, grandios in seiner abgründigen

Beschränktheit – beneidenswert noch fast im Knast. Schmiergelder und Juwelen scheinen unverbrüchlich die Zentralideen dieses rheinischen Frohlebens gewesen zu sein – und doch hat mich ein anderes intimes Detail aus ihm noch mehr bezaubert als deren beider hirnverwüstende Dauerpräsenz. Im Herbst, im Zusammenhang der Indizienbeweiskette, kam vor Gericht zur Sprache, Scholl habe im Garten seiner Zweitwohnung in Bad Soden (auch dies ein Dostojewski-Romanort) übungshalber auf Maulwürfe geschossen; man fand dann auch die Patronen. Schade, daß Scholl nicht im Oggersheimer Grundstück herumknallte – derweil Kohl nebenan das Hauskarnickel streichelte. Wie auch immer, schriebe ich je einen Politthriller, gar so etwas wie einen Bonn-Roman: Ich würde die Szene ohnehin nach Bonn verlegen, als Eingang oder aber Finale dieses Romans. Nein, nichts Psychoanalytisches schwebte mir vor, nichts von wegen Aggression und projizierter Autoaggression o. dgl. – nein, der die Knarre gegen den Maulwurf richtende Dr. Hans-Otto Scholl erscheint mir wie das zeitlose und doch so bundesrepublikanisch inkommensurable Symbol schlechthin: das Bild der so rücksichtslosen wie glückhaften, unverweslich ballernden Torheit.

Botho & Peter
Traxler 86

Zwei Albatrosse

Die Zeitschrift »Tip« hat sie zwar manchmal auch nicht mehr alle; aber wo sie recht hat, recht:

»Botho Strauß, Windmacher, verdichtet in seinem Buch ›Diese Erinnerung an einen, der nur einen Tag zu Gast war‹ den bösen Zeitgeist wieder einmal unnachahmlich. In den Sand möchte er stecken seinen Kopf. Klagt Strauß: ›Ah, nicht wissen möcht' ich, sondern / erklingen. Versaitet bis unter die Milz‹, und das im Zeitalter des Kabels. Seine Prosa- und Theaterstücke waren ja schon immer kalauerverdächtig. Das elegische Gedicht (bei Hanser) vom Leben, Lieben und Sterben in unheiliger Zeit zeigt jetzt den Meister des unfreiwilligen Humors. In der Tip-Redaktion macht vor allem der unsterbliche Epitaph ›Wir überflogen uns nur / wie einen viel zu langen Zeitungsbericht‹ die fröhliche Runde« (14/85).

Die Rede ist im genannten Strauß-Poem auch von der »Verscheinung«, vom »Gezänge«, vom »Geleucht«, von der »aufsteigenden Schar der Entgrenzungen«, andererseits auch vom »hochkantigen Pfefferminzweiß überlaufender Wogen« und überhaupt von »unserem menschlichen Zugetansein« nebst der »zyklamfarbenen Haut des Ertrunkenen«. Zwar wurde der ziemlich entgeisternde Wortstiefel, ein wahres Wunder, von der Majorität der deutschen Literaturzensoren für absonderlich, kitschig, ja bescheuert befunden; allein, gerade deswegen, das zweite, größere Wunder, lockte er in der »Zeit« gleich drei Kontrovers-Rezensionen hervor: P. Hamm (pro), R. Michaelis (contra), L. Bondy (pro) füllten, so wichtig war die Sache, volle 1½ »Zeit«-Seiten – mehr als die 80 Seiten des Buchs an Text auf die Beine bringen.

Je augenscheinlich mißratener, ja kempnermäßiger die letzten Opera Straußens aus der Maschine quollen, desto inständiger rätseln seit drei Jahren alle irgend Berufenen über sie herum; über die neue Wende des Geists oder, je nachdem, übergeschnappten Zeitgeists; und zanken sich über den von Strauß nachhaltigst in die Feuilletonhirne gesetzten Appell: das große erhabene (Rilke- oder aber George-)Wort müsse wieder her; sonst gehe die Welt zuschanden.

Über eben diesen »neuerdings in der deutschen Literatur erhobenen vornehmen Ton« mokierte sich Ende 1984 J. Drews im »Merkur« – speziell vor dem Hintergrund neuer Texte von Peter Handke und Strauß. Das wiederum gebar einen Rattenschwanz von Kommentaren und Subkommentaren, ein Spektakelchen von Literaturgroßraumdebatte, das damals viele von uns prächtig und über Wochen hin unterhielt und an dem sich von Drews über M. Krüger und M. Reich-Ranicki bis zu W. Schütte und G. Schäble, von der »Neuen Zürcher« über FAZ und FR bis hin zum »Spiegel« ungefähr alles beteiligte, was sich dazu gefordert fühlte. Ja doch, viele sonderbarlich nachzulesende Riemen setzte es da vor Jahresfrist mit dem Höhepunkt dergestalt, daß sich der Strauß-Lektor Krüger, ein bis dahin eher als zurechnungsfähig geltender Mitorganisator des Kulturbetriebs, gekränkt gegen Kritik an Strauß verwahrte – sie sei unstatthaft, frevlerisch, nämlich, verstieg sich Krüger vollends, aus ihr spräche nur mehr »Verachtung, Haß und Hohn«.

Eigentlich war es zwar eher so, daß noch kein Kitschier bis dahin mit so viel kontrovers-debattenwütiger Aufmerksamkeit hatte rechnen können; einer zudem, der schon seit geraumer Zeit zumindest anfällig für Kitsch, ja Schwachsinn sich zeigte. Indessen, schon 1983 hatte der Ruhm Straußens eine Klimax erklommen, an die scheint's keine mahnenden Stimmen mehr heranreichten. Lauterer, so hatte J. Kaiser anläßlich von »Paare, Passanten« (1981) die Parole ausgegeben, lauterer, reiner, »dringlich-aufrichtiger« sei schon lange keine deutsche Prosa mehr geflossen – und nun kann man sicher auch bei diesem Buch schon geteilter Meinung sein: Man kann's für eine vielfach feinsinnige Beschreibung des aktuellen Schrumpflebens erachten; man kann's aber auch eher schal und flach und blasiert finden; als einen Stichwortgeber lesen für die jetzt strukturalistisch daherpalavernde Generation derer, die noch beim Meister Adorno gelernt haben. Immerhin, beknackt ist das schmale Werk, seines wahnsinnigen name-dropping ungeachtet, noch beileibe nicht ganz und sein Autor schon jenseits – auch wenn das weltgeistlich Dünkelhafte, schlecht Elitäre sich bereits machtvoll ankündigt und breit macht, bis hin zu einer vollends aufgesetzt-verlogenen Adorno-Epiphanie als Finale; ein widerwärtiges Stück Prosa. Wer Augen hatte zu fühlen, der war auch vorher schon in dem als Meisterwerk gefeierten Romänchen »Die Widmung« über Sätze geflüchtet wie diesen: »Zwanzig Jahre könnten wir, Hannah und ich, in dieser halben Stadt vor uns hingehen, ohne uns je zu treffen« –

– ja freilich, ein Arno Schmidt z. B. hätte bei derlei traniger Edelschickeriaprosa noch laut aufgeheult – indessen, die Zeiten sind nicht mehr danach – 1983 soll dann in jedem ambitionierteren Buchregal Strauß' Dickroman »Der junge Mann« herumgestanden haben – der leuchtete endlich (verriet er dem »Buchreport«) auch dem Wohnungsbauminister Dr. O. Schneider als Paradigma moderner Schwerliteratur sehr ein – und ab da war's dann um unsere Meinungsbildner voll geschehen:

Ab und zu ist ein Fernseher doch zu was gut. Ohne ihn hätte nämlich die astronomische, je perenniale Peinlichkeit sich gar nicht offenbaren können, für die anläßlich des »Jungen Mann« der Publizist Klaus Podak geradestand; dergestalt, daß dieser als Philosoph geführte Medienvertreter nicht sich entdackelte, zehn Minuten lang eine mannshohe Pappattrappe von Strauß zu interviewen – weil nämlich der Dichter, splendid-isolation-bedacht wie vor ihm keiner, es verschmäht hatte, der Anbetung eigenontisch die Ehre zu geben: Podak stellte die Fragen – und antwortete sich, in vollem Ernst, mit Strauß-Zitaten. So geht's auch. Eine Sternstunde des deutschen Fernsehens.

Nun könnte man zwar wähnen, nur die Jünger seien über ihren Gottsöhnen allgemach ausgeflippt; indessen, alles spricht dafür, daß diese gleichfalls ihre sieben Zwetschgen immer weniger auseinanderzuklauben vermochten und vermögen. Maßstabslos ins nachgerade Mythische hochmystifiziert, haben die beiden, um die das halbe Kulturgeschwätz sich seit Jahren dreht, haben Strauß und der vielfach verwandte Handke offenbar immer beschleunigter die Übersicht eingebüßt, die Realität; fachlich scheinbar konkurrierend, anscheinend insgeheim kollaborierend zu beider Vorteil. Wie anders wären Sätze und Attitüden zu verstehen, wie sie frappant koinzidierend z. B. in der Tageszeitung »Libération« nachzulesen sind. Es ging einmal mehr um die tolle Frage »Warum schreiben Sie?«

Handke: »Ich weiß es nicht. Vielleicht morgen.« Strauß: »Ich weiß es nicht. Hätte ich nur die geringste Ahnung, wäre das die letzte Zeile, die ich schreibe.«

Mallarmé, ick hör dir trumpfen: Sie wissen's nicht, und alle Welt verharrt vor dem bauernfängerisch-erlauchten Schmalz in Schauder. Ich aber sage euch, denn es ist an der Zeit, es auszusprechen: Es ist der pure Größenwahn, der hier sein Unheil unkt. Aus zwei einst achtbaren Autoren reiften zwei aufgeblasene Kaspern. Zwei Hochangereizte im Grandhotel Größenwahn, selbander einsam wandelnd in der Beletage.

Sie sind nicht die einzigen, die sich verstiegen haben. Ich könnte aus der hohlen Hand heraus zwei Dutzend poetischer Kollegen nennen, deren Fruchtbarkeit gewißlich in keiner Relation (mehr) steht zu ihrer Anmaßung, Selbststilisierung, »Denkmalspflege zu Lebzeiten« (Michaelis); und zu ihrer substantiellen Windigkeit. Möglich, es ist die flehentliche Angst, der Schwindel könnte bald auffliegen, der sie zu solcher Mystifikation treibt – auf eine fast perfide Art möchte aber auch so etwas wie Autosuggestion walten, derlei sei man seinem Auftrag schuldig. Es ist der des Seher-Künders. Rilke und George – scheint's sind sie ein ewig Laster. Und im ohnehinnigen Literaturschamott und -schamanentum das derzeit wieder attraktivste. Zuweilen wird man freilich auch den Verdacht nicht los, Inbildern der Zunft wie Strauß und Handke sei es nur noch ums schiere Verarschen zu tun: »Denn nur Geschöpfe der Fahrt sind wir / und unsere Gestalt ist Fluktuation. / Zerrauschende Wolke« (Strauß).

Nah ist, aber schwer zu fassen der Gott i. A. seiner Priester Strauß und Handke. Immerhin, wie der Herr, so's G'scherr. Wie Strauß seinen Apologeten Krüger, so hat Handke seinen Hamm, den demütigsten der Vasallen. Auch der schilt miesepetrig, ja verbittert Kritiker, ihr Zynismus sei neuerdings angetreten, Handke nebst Strauß nur noch hinzurichten. Der Realitätsverlust muß inzwischen auch im Gesinde ein schon vernagelter sein.

Viel Trübsal, Bitternis schwärt durch das Land, verhüllt zwei Meteore. Das Rettende doch ist immer nah. Jedenfalls im Falle Handke und als immerhin tröstlicher Einblick in jene Kraft, die nicht nur die Welt, sondern auch ihr Dichtertum katexochen im Innersten zusammenhält:

Im »Zeit-Magazin« erschien kürzlich ein verblüffend poetisch fotografierter Bericht über Handkes neue und komplizierte Liebe zur Salzburger Schauspielerin Marie Colbin; jener, die einst Annas Mutter Bachmeier so unvergessen auf Zelluloid heimgefahren hatte. Damit war der Dichter endlich auch für »Bild« akut – und diesen Bericht vom 7. 1. 86 aus der Feder von (in Vertretung von Michael Graeter »im Urlaub«) Deutschlands wuchtigster Reporterin Ingrid Gallmeister (»Tel. 089/28 28 28«) wollen wir doch für eine kleine Ewigkeit hier festhalten und alle miteinander zum löblichen Abschluß gemeinsam lesen:

»Marie Colbin/Peter Handke: Liebe der besonderen Art. Auf der Staatsbrücke in Salzburg haben sich ihre Wege vor 2½ Jahren zufällig gekreuzt, seitdem sind sie ein Paar: *Marie Colbin* (27) und *Peter Handke* (43) – die Schöne und der Dichter. Die aparte Schauspielerin war gerade aus einer Dauerbeziehung mit *André Heller* aus Wien geflüchtet. Für Handke (›Die Angst des Tormanns beim Elfmeter‹) gab es nur Tochter *Anima* (16), mit der er in seinem 200jährigen Hexenhaus am Mönchsberg lebt. Es wurde eine Liebe besonderer Art. Sie zogen nicht unter ein Dach, sind immer nur für ein paar Stunden zusammen. In ihrem kleinen Appartement unten in Alt-Salzburg schreibt Marie Briefe an ihren Peter hinauf auf den Berg. Im November, als die ersten Flocken fielen, z. B.: ›Gestern nacht, als es zu schneien begann, habe ich mir, Peter, so sehr gewünscht, daß du da bist. Ich wollte den ersten Schnee mit Dir erleben . . .‹ ›Wie sehr mögen Sie Frau Colbin?‹, habe ich Handke gestern am Telefon gefragt, und er antwortete: ›Ich sage nicht, daß ich sie mag. Wenn man es ausspricht, fängt es schon an, vorbei zu sein.‹ Jetzt hat Handke mit Marie seinen ersten Film gemacht. Aus dem Buch ›La maladie de la mort‹ (Die Krankheit des

Todes) von *Marguerite Duras*. Ein Dialog über Erotik, Leben und Sterben. Eine Stunde lang zeigt Handke die Colbin, ihren Körper, ihr Gesicht. ›Dieser Film‹, sagt Marie Colbin, ›ist etwas Heiliges‹.«

Man sehe die Ausschweifung nach, aber hier läßt sich nur noch in voller Länge zitieren. Vor diesem auch noch mit einem Foto (»Wir lieben die gleichen Filme«) versehenen PR-Filmpromotion-Scheißdreck aus Handke-Gallmeister-Anima-Maladie-Duras streckt man die Waffen. Gebenedeiter Augenblick, da sie sich über der Salzach kreuzten.

Und doch schwelt Hoffnung: Hat die Erde den Mönchsbergischen leidlich wieder? Besteht Aussicht, daß Strauß bald folge? Dann freilich drohte andererseits Gefahr, die Baudelairesche Metapher möchte nur um so rechter behalten: Wenn Albatrosse dem Boden zu nah kommen, wird's schauerlich: »Lui, naguère si beau, qu'il est comique et laid!«

Der rasende Fasler

Mit großer Regelmäßigkeit schreibt seit gut fünfzehn Jahren der Professor Dietmar Kamper Sätze wie diese:

»Indem man sie endlich zur Kenntnis nimmt, könnte die humanwissenschaftliche Reflexion die für sie bestimmende Gestalt menschlicher Reflexivität in ihre Erörterungen einholen und den Kreislauf von falscher Theorie und schlechter Praxis durchbrechen.«

Oder:

»Der säkulare Versuch, die Welt eindeutig zu machen, ist mißlungen. Das unvollendete Projekt der Moderne hat bestenfalls Widersprüche verschoben. In der Hauptsache jedoch herrscht eine grausige Perversion der Absichten. Das hat zur Errichtung postmoderner Fluchtburgen geführt, in die man sich durch diverse Losungen der Realitätsverleugnung einkaufen kann. Wer weiterhin auf Erfahrung und Wahrnehmung besteht, gerät in Kalamitäten.«

Oder:

»Der strukturalistische Blick entstammt einem nachkatastrophischen Bewußtsein, dessen letztes leidenschaftliches Leiden das an der fehlenden Gegenwart ist.«

Bzw.:

»Kerpenhir, 6. 4. 1982. Der neolithische Hiatus: die Polverschiebung, der Untergang von Atlantis, die Sintflut ... ist jene kosmische Katastrophe, mit der die Geschichte beginnt. Er hat sich als Brandmal in das Gedächtnis der Menschheit eingeschrieben. Er *ist* das Brandmal, das selbst nicht erinnert werden kann. Er ist der Ur-Sprung, aus dem die Einbildungskraft hervorging, die Schwester des ausgeschlossenen Todes. Insofern ist jede Geschichte nach-katastrophisch.«

Denn:

»Das Katastrophische, das seinen Schatten über die Geschichte der Alten *und* der Neuen Welt ausbreitet, ist ein Nachhalleffekt jener primordialen Verwundung der Erde, die in Zeiten nachlassenden Vergessens immer wieder aufgetaucht ist.«

Weil:

»Die resultative Referenzlosigkeit der Phantastik korrespondiert mit historisch präparierten Bedürfnissen.«

In seinen Schriften bevorzugt der Prof. D. Kamper Pretiosvokabeln wie »Mythographie«, »Diskriminante«, »Post-Histoire«, »Dispositiv«, »petrifiziert«, »invers«, »primordial«, »Geophagie«, »Ethnozentrik« nebst »Ethnoperipherie«, »eristisch«, »auratisch«, »tentativ«, »Mythodizee«, »katabolisch«, »anthropofugal«, »Topologie«, »Utopologie«, »Diskrimen per se«, »nicht-authentische Referenzebene« sowie »Geographie des hesperischen Orbis«. Weiß Gott, erlesen geht die Welt auf ihr Ende zu, und der dispositive Sinn der Mythographie besteht evidentiell und logofugal darin, daß eins andauernd zum Duden greifen muß, sich scientistisch diskriminiert per se zu fühlen.

»Der wehe Schein der imaginären Masken des Lebens und des Todes« ist eins der zentralreferentialen Themen D. Kampers; ihm zeigt er sich als Meister der eristisch-erektilen begrifflichen Metapher allzeit gewachsen: »Durch die Demonstration der Frakturen in den Fakten wird die Spiralfigur, in der das vermeintlich Wirkliche vermeintlich zirkuliert, von einer unbedachten Spielregel zum ausdrücklichen Thema.«

Ein Virtuose ist Kamper auch des wohlbedachtesten Namens- und Zitat-Droppings. Zitiert – und kontrareflexiv für ihn reklamiert – wird von ihm nur das momentan Feinste vom Feinsinnigsten: Hölderlin, Paz, Canetti,

Heraklit, Paul Virilio, Jesus, Nietzsche, Robert Walser, natürlich Borges, natürlich Botho Strauß, Max Weber und natürlich, natürlich Kafka. Kampers Fußnoten und feinsäuberliche Literaturlisten lesen sich wie die Erscheinungen des Weltgeists selber: Foucault, Baudrillard, Cioran, Flaubert, Hegel, Benjamin sowie Kolumbus' Bordbuch, nein, das durfte selbstverständlich nicht fehlen. Häufig verweist Kamper auf sich selber, meist in der Version: »Vgl. ausführlicher Dietmar Kamper, Christoph Wulf: Im Schatten der Milchstraße. Erfahrungen auf dem Camino de Santiago. Tübingen 1981« – im, wetten, konkursbuchverlag; dort sowie in »Akzente«, im Hanser- und, klar, im Suhrkamp-Verlag erscheinen nämlich die meisten Werke des Professors Dietmar Kamper.

Der es auch in der Artistik steilsten Metaphern-Droppings zu exzellierenden Höhen bringt: »Dieser Apotheose des bösen Blicks gilt es zu entkommen. Jedoch nicht die Nahsinne oder der ›sechste Sinn‹: der aufrechte Gang, die Balance, die Vertikalität (. . .) helfen weiter.«

Got it? Kafka und Bloch hintereinander einfahren und womöglich noch eine ARD-Aufklärungsserie dazu? War diesmal auch noch ziemlich leicht. Manches ist schwerer auseinanderzuklamüsern. Denn »ich glaube, daß es eine Initiation in jegliches Mysterium gibt, aber nicht überall und jederzeit.« Indes, »Zeichen um Zeichen (muß) buchstabiert werden.«

Und wenn man im Lauf des Lesens von Blackouts heimgesucht wird und hops geht. Da gilt eben ohnehin: »Gegen die Übermacht des Todes gibt es nach wie vor kein Kraut.«

Dietmar Kamper, geb. 1936, war Professor für Erziehungswissenschaft, Sozialisationstheorie und ihre methodologischen Grundlagen in Marburg – seit einigen Jahren lehrt er die Soziologie an der FU Berlin. Seine Buchveröffentlichungen gehen aufs Dutzend zu, seine Aufsätze sind nicht mehr zu zählen. Wie man liest, reist er gern von Kongreß zu Symposion, von Tagung zu Colloquium, obschon »die blasierte Langeweile einer alles überfliegenden Jet-Set-Generation« von Jungprofs ihm angeblich fremd ist. Tatsächlich jettet es sich bei ihm viel aparter: »Die Reise ging über Marburg, Paris (...) an den Golf von Morbihan« westwärts weiter nach Kerpenhir und Bayeux, »bevor es über Krefeld nach Berlin zurückgeht«. Aber, nicht zu vergessen, »via Paris nach Frankfurt zur letzten Zwischenlandung. Dort habe ich die geliehenen Stunden wieder zurückgegeben.«

Noch vor einem Jahrzehnt dachte und schrieb dieser deutsche Professor, wie sich's damals gehörte, auf der Sinnsuche zwischen Marxismus, Kritischer Theorie und Anthropologie herum und suchte sich stilistisch als williger Adornist zu profilieren. Das prägt z. B. sein Anthropologiekritik-Buch von 1973, in welchem es noch vergleichsweise einsichtige und deshalb leider recht unsinnliche Überlegungen hat; freilich auch schon sehr kampereske: »Eine präzise Analyse der Strukturgenese, in der die ›res cogitans‹ auf der einen, das ›individuelle Ich‹ auf der anderen Seite zustande kommt, ergibt vielmehr, daß die bürgerliche Anthropologie des theoretischen und praktischen Solipsismus eine entscheidende Dimension unterschlägt: die der gesellschaftlichen Produktion und Reproduktion, wie sie sich in Sozialisation und Erziehung manifestiert (vgl. Sohn-Rethel, 378).«

Tönte derlei meist noch wie ein durch Krahl und Dutschke vereinfachter Adorno – »Die bürgerliche Gesellschaft hat mithin eine im Grunde a-soziale Auffassung des Menschen hervorgebracht« –, so schreibt Kamper sich aus diesen »Sackgassen des anthropologischen Denkens« bald immer zügiger frei; befreiend resp. verheerend aber wird für ihn die Begegnung mit dem halb-abstraktionsfreudigen, halb-poetischen Schrifttum Walter Benjamins, das – so darf man heute traurig zwischenbilanzieren – in den Köpfen unserer Jungprofs wahrscheinlich noch mehr Schaden angerichtet hat als Kracauer, Adorno und Baudrillard miteinander:

Zu allen Texten Kampers stehen jetzt Benjamins »Städtebilder« und sein »Passagenwerk« im- und explizit Modell: »Das Transparentwerden der Dinge, ihr drohendes Aufhören im Licht – angesichts dessen« (obacht, jetzt kommt ihm ein völlig unpäßlicher Gedanke dazwischen, der sich aber gleichwohl nicht mehr bremsen läßt) »der mythische Schrecken nur eine kleine Figur ist – hat nämlich eine Krise der Objektivität evoziert, in der die Körper nicht länger befragbare ›geheimnisvolle Körper‹ bleiben, sondern undurchdringlich und antwortlos werden. Der völlig durchschaute, aber nicht anerkannte Körper wird zu Stein, zu Materialität, zu purer Schwere« (Das gefangene Einhorn, 1983).

Es ist ganz furchtbar.

»Die totale Vision *ist* die Explosion, die nukleokosmische Katastrophe ... Insofern werden die Lucanianer die Surrealisten überholen« (ebd.). Die primäre Rankünе der Kamperschen Prosa gründet, gemütlich sich wälzend, darin, daß ihr Kryptisches niemand verstehen *kann*; ihren Autor oft nicht ausgenommen. Ihre höhere Rankünе spekuliert darauf, sie dürfe jeden der Banausie zeihen, der vor dem Wortgeklingel nicht trotzdem den Hut zieht; sondern ihn als den Unflat benennt, der er strahlend ist: »Einerseits wird Herrschaft aufgrund von Besitz flüchtig, hebt ab vom Boden, agiert immer deutlicher als freischwebend und wird auch als solche denunziert«. Einleuchtend, daß das, was begrifflich derart vom Boden abhebt und freischwebt, sich nichtsdestoweniger flott als

»Aufklärung – was sonst?« deklariert (Kamper in einem Gespräch mit der »Süddeutschen«, 19. 10. 85).

Die Geschichte der Typologie des deutschen geisteswissenschaftlichen Professors seit den Tagen, da Schopenhauer sich unsterblich an Hegels Jonglierkünsten samt »Bierwirtsphysiognomie« ärgerte, ist noch zu schreiben. Einiges zur akuten Gegenwart geschieht schon. In einer fast berühmt gewordenen Polemik hat ein Kollege, der FU-Germanist Klaus Laermann, sich des Kamperschen Œuvres angenommen: »Das rasende Gefasel der Gegenaufklärung – Dietmar Kamper als Symptom«. »Wer von uns beiden spinnt denn nun, er oder ich?« frägt sich Laermann, etliche schwere Kamper-Brocken vorführend, angesichts dieses »merkwürdig schillernden Schwadronierens«, dieser »raunenden Beschwörung«, dieser »pseudobegrifflichen Hochstapelei«. Laermanns Ahnung: Das rasende Gefasel sei die »Gegenaufklärung«, wütend mit Modeschnack und Wörterschmadder. Glaubt man dem Wagenbach-Buch »Das pfeifende Schwein«, dann sind Gegenaufklärung und Postmoderne heute wesentlich eins. Wäre also Kamper der repräsentative Postmoderne? Doch, so könnt' sich am End' der Kreis der »Segnungen systemtheoretischen Gefasels« (so Kampers Bielefelder Kollege Rainer Dollase) zur Begriffserklärung runden.

»Die Wiederkehr des Körpers« – »Obsession und Imagination« – »Das Schwinden der Sinne« (sic), so lauten, er muß völlig verzaubert von derlei sein, Kampers schönste Titel – und der chicste: »Die Seele als Post-Skriptum«. Und Neues droht ständig: »Obwohl wirklich sehr viel dagegen spricht, redet er weiter« (Laermann). Ist es die »reine Obsession« (Kamper) die ihn, »geblendet vom Funkeln der Wortbrillanten« (Kamper), zu solchen Gaunereien Zuflucht suchen heißt? »Die nicht selten zum Lachen reizenden hyperkomplexen Gebilde« (Kamper) dieses deutschen Gelehrten – ihre Laffenhaftigkeit, ihr Psychotisches haben tatsächlich etwas von der »Leere des toten Raumes und (der) Waffenlogistik des militärischen Overkill« (Kamper). Und wenn schon. Ab sofort gilt ohnehin:

»Das Imaginäre für sich hat (. . .) Bombenstruktur.«

Dochdoch, auch dies, genau dies mußte nämlich auch mal gesagt und ausgeplappert sein.

Luise Rinser: Noch alle Tassen im Schrank?

L. Rinser
(75 Jahre)

Am 30. 4. 1986 wird die deutsche Schriftstellerin Luise Rinser 75 Jahre. Aus diesem Anlaß bringen wir noch einmal ihre schönsten Stellen aus den letzten Jahren:

»Ich bin die geborene Rebellin und die geborene Sozialistin. So war ich, so bin ich. Reue? Das Gesetz, nach dem ich antrete, muß ich erfüllen, koste es, was es wolle« (Fischer-Verlagsprospekt 1985).

»Ich habe mich nie von einer Partei einfangen, nie von Wirtschaftskonzernen kaufen, nie von einer Kirche konditionieren lassen. Ich habe mein ethisch-politisches Gewissen nicht korrumpieren lassen, auch nicht aus Gründen der Staatsraison. Meine Unabhängigkeit erlaubte mir, eine unbequeme Mahnerin zu sein« (Ungehaltene Reden vor dem Deutschen Bundestag 1985).

»Man erwartet von mir (. . .) eine Person, die eine gute Figur macht im Ausland, eine politisch Unbescholtene, eine nicht in Skandale Verwickelte, eine international angesehene Schriftstellerin, eine Frau, ja eine Frau, erstmals eine Frau auf dem Bonner Thron« (ebd.).

»Die Drohung des US-Sicherheitsberaters, die USA könnten Westeuropa nicht mehr schützen, stützt sich auf die Annahme, daß die Sowjetunion beabsichtigt, Westeuropa anzugreifen. Eine absurde Behauptung. Es ist vielmehr gerade die Anwesenheit der US-Nuclearwaffen in Westeuropa, durch welche die Sowjetunion sich provoziert fühlt. Der neue Vorschlag Gorbatschows, eine nuclearfree Zone in Mitteleuropa zu schaffen, würde, wenn durchgeführt, keines Schutzes durch die USA mehr bedürfen. Die Sowjetunion wird glaubwürdig, wenn sie sich aus Afghanistan zurückzöge und überdies Dissidenten freigäbe« (Sehr geehrter Herr Reagan, sehr geehrter Herr Gorbatschow, Anzeige in »Die Zeit«, 15. 11. 85).

»Warum drängt sich mir der Name ›Josephslilie‹ so hartnäckig auf? Mein Vater, Joseph, liebte mich. Er versuchte meine Heirat mit bösen Mitteln zu hintertreiben, davon später ein trübes Kapitel. War es der Vater, der auf meiner Jungfräulichkeit bestand und, wie der Zwerg Fafner aus dem Rheingold, auf ihr hockte? Handelte die Mutter in seinem stillschweigenden strengen Auftrag? War meine Lilienzerstörung vielleicht kein Muttermord, sondern der Vatermord? Der Elternmord etwa? Und geschah dieser Mord nicht ganz kurze Zeit vor meiner Heirat? Aber war ich dann frei?« (Den Wolf umarmen, 1981).

»Die ›Lilie‹ wurde der Grundstock meines ersten Buches. Als ich diese Geschichte geschrieben hatte, damals als junge Lehrerin in Lochhausen, kam mein Verlobter. Ich hatte meine Geschichte auf dem Schreibtisch liegengelassen, als ich ins Nebenzimmer ging, um auf dem Spirituskocher ein sonntägliches Mahl zu bereiten, vermutlich Spiegeleier mit Schinken. Als ich wieder ins Arbeitszimmer kam, stand mein Verlobter auf und sagte bestürzt: ›Das hast du geschrieben? Aber das ist ja Dichtung! Ich wußte nicht . . . Das muß gedruckt werden, das schickst du an die ‘Neue Rundschau’, an den S. Fischer-Verlag!‹ Ich lachte ihn aus. S. Fischer, der Verlag von Thomas Mann, Hesse, Hauptmann! Und ich dazu! Nein, das ist Unsinn. Er bestand darauf, daß ich die Geschichte sofort nach dem Essen auf der alten, von Onkel Georg ererbten Adler-Schreibmaschine abtippte. Er diktierte. Dann zwang er mich, einen Brief an Peter Suhrkamp zu verfassen. Er half dabei. Und dann trugen wir den großen Umschlag zum Briefkasten an der Bäckerei hinterm Lochhauser Bahnhof (. . .) So, sagte ich, und jetzt hören wir nie wieder etwas davon. Ich war erleichtert. Ich entging einem Abenteuer. So dachte ich. Nach einer Woche kamen zwei Briefe aus Berlin. Einer war von Karl Korn, dem Chef der ›Neuen Rundschau‹. Er schrieb, er wolle die ›schöne Geschichte‹ in einer der nächsten Nummern abdrucken. Der andere war von Peter Suhrkamp, der mich aufforderte, alles zu schicken, was ich geschrieben habe, ich sei ganz offenbar eine Dichterin und eine ›Entdekkung‹. Sprang ich an die Decke vor Freude? Ich nahm die Sache zur Kenntnis, als hätte sie gar nicht anders sein können« (ebd.).

»Der Apostel Paulus und Johannes Paul II. Die Ähnlichkeiten. Beide sind grundgescheit, beide haben dichterisches Talent, beide sind unersättlich Reisende, beide sind Eiferer, beide leidenschaftliche Zölibatäre, beide kompensieren ihre Erotik und Sexualität (Gott sei Dank vorhanden) mit Freude an der Macht, beide mögen die Frauen nicht und dulden sie nicht in anderen als niederen Funktionen der Kirche (. . .) Was Paulus aufbaute, zerfällt Johannes Paul unter den Händen, und er merkt's nicht. Die Sowjetunion will auch nicht wahrhaben, daß sie zerfällt« (Im Dunkeln singen, 1985).

»Was sich verändert, das ist die Materie. Hat sie sich nicht schon verändert in unserem Bewußtsein, seit wir wissen, was Atomphysiker lehren: Daß Materie Geist ist?« (ebd.).

»Warum verspielt Ihr so viele Chancen? Warum laßt Ihr in Gottes Namen den Polen nicht ihr Solidarność? Laßt sie doch selber ihren Karren aus dem Dreck ziehen! Kein Pole will den Kapitalismus, nur Freiheit wollen sie; laßt sie ihnen und zieht Eure Truppen aus Afghanistan zurück« (ebd., aus einem ungeschriebenen Brief nach Moskau).

»Ich bekam leider erst jetzt Ihr (von mir so geschätztes) Blatt vom 5. September in die Hand und las kopfschüttelnd den Aufsatz des Herrn Uwe Siemon-Netto über Nordkorea. Bei jedem Kriminalfall frägt man zuerst nach dem Tatmotiv. So frage ich jetzt die ›Weltwoche‹ nach dem Motiv für die Publikation dieses Artikels (...) Ich bin überzeugt, daß der Autor keine Ahnung hat, wie es in Nordkorea wirklich zugeht, und auch nicht, was eine starke Opposition gegen das jetzige Regime wirklich wünscht. Im übrigen ist der Artikel dumm, und man könnte über die absurden Behauptungen darüber lachen, wäre die Absicht nicht so grundböse. Ich könnte jede der kühnen Behauptungen widerlegen (...) Sie hätten diesen törichten Artikel besser nicht gedruckt. Er hätte Ihnen eine einstweilige Verfügung einbringen müssen. Vielleicht machen Sie den Versuch einer kleinen Wiedergutmachung, indem Sie ein Kapitel über den Umweltschutz in Nordkorea abdrucken aus meinem neuen Tagebuch (›Im Dunkeln singen‹). Da ich in der Schweiz sehr viele Leser habe, die mich für absolut vertrauenswürdig halten, auch in der Koreafrage, meine ich, daß Sie auch mir diese Korrektur einer Verleumdung schuldig sind. Ich erwarte die Korrektur von einem Blatt, das für anständig gilt. Sie können sich doch nicht selbst so in Mißkredit bringen« (aus einem geschriebenen Leserbrief an die Schweizer »Weltwoche« vom 10. 10. 1985).

»Seltsam, daß ich *geträumt* hatte – ich sei in Bonn und für den Posten des Bundespräsidenten vorgeschlagen (...) Ich hatte eine Rede vorbereitet: Was würde ich tun WENN« (Wenn ich ein Tagebuch schriebe, »Zeitmagazin« 5. 4. 1985).

»Liebe Freunde, liebe Feinde, liebe parteidisziplinierte Wähler! Den Posten, für den Sie mich wählten, habe ich nicht angestrebt, nicht einmal im Traum« (Ungehaltene

Reden vor dem Deutschen Bundestag, hrsg. von Manfred Bissinger, 1985).

»Ich habe die Wirkung, die ich als freie Schriftstellerin habe, abgewogen gegen jene, die ich als Bundespräsidentin habe. Die Waagschale hat sich zugunsten der Schriftstellerin entschieden. Ich habe also gezögert, die politische Wahl anzunehmen. Ich habe mir mein Leben als Bundespräsidentin lebhaft und konkret vorgestellt. Ich sehe mich freundlich lächelnd den Staat vertreten, auf rotem Teppich ausländische Diplomaten erwartend, mit deren Politik ich durchaus nicht einverstanden bin. Ich sehe mich verhaßte Militärparaden abnehmen, ich, die ich alles Militärische ablehne, nun mit meiner Anwesenheit mein Ja zu kriegerischen Übungen und Einrichtungen dokumentierend. Ich sehe mich hohe Orden verleihen auch an Vertreter faschistischer Diktaturen« (ebd.).

»In diese Lage also soll ich mich begeben?! Muß ich? Muß ich mich, die Wahl annehmend, korrumpieren lassen?« (ebd.).

»Dies alles bedenkend, werde ich bestrebt sein, fürs Volk zu arbeiten (. . .) Ich werde die Karten auf den Tisch legen und das Spiel überwachen (. . .) Ich werde die parlamentarischen Verlautbarungen aus dem unverständlichen Parteichinesisch übersetzen in eine Sprache, die das Volk versteht (. . .) Ich werde keine kostspieligen Festessen gestatten, auch nicht zu Ehren ausländischer Gäste. Ich werde die eingesparten Gelder bekannten, gesicherten Stellen in der Dritten Welt zuführen (. . .) Ich werde so oft wie möglich im Bundestag sein und dafür sorgen, daß die Debatten sachlich geführt werden (. . .) Ich werde die Aufhebung der Immunität der Parlamentarier betreiben. Sie sollen sich nicht ungestraft Unanständigkeiten erlauben dürfen (. . .) Ich werde einen Justizminister zu finden wissen, der gewillt und fähig ist, die lange geplante Reform des Strafvollzugs in Angriff zu nehmen (...) Ich kenne ihn aus eigener Erfahrung: als ich selbst unter Hitler Gefangene war« (ebd.).

»Meine Sorge wird gelten den Behinderten, den ausländischen Arbeitern, den deutschen Zigeunern, Sinti genannt« (ebd.).

»Wer Frieden will, darf nicht hetzen (...) Und nun, liebe Freunde und Feinde, sehen Sie zu, wie Sie mit einer so unbequemen Person zurechtkommen« (ebd.).

»Hätte ich als Bundespräsidentin etwas ändern können? Nein. Als Schriftstellerin ist etwas mehr zu machen« (Im Dunkeln singen, 1985).

»Ich habe etwas gefunden. Was denn? Den Stein der Weisen: Mich – Selbst. – « (Geschichten aus der Löwengrube, 1986).

»Ich ›weiß‹ mein Alter nicht, es ist ohne Interesse für mich. Die Relativität der Zeit ist mir existentielle Erfahrung« (Fischer-LP »Den Wolf umarmen«, 1981, Covertext).

»Sonderbar, andre werden sich ihrer selbst bewußt durch mich, während ich selbst mir immer mehr ›entgleite‹« (Im Dunkeln singen, 1985).

»Berliner Zoo. Affenhaus. Ich bleibe vor einem Orang-Utan stehen. Wir schauen uns an. Ich sage: Bruder Tier, verzeih uns, daß wir dich einsperren, verzeih uns die Vivisektion, verzeih! Er dreht sich gelangweilt weg« (Zeitmagazin 5. 4. 85).

»Ich hoffe und schreibe. Ich singe im Finstern« (ebd.).

Saustall Bad Homburg

Die Stadt Bad Homburg v. d. H. ragt als Höhepunkt der gegenwärtigen deutschen Städteniedertracht gleich wie die gleichsam verlotterte Offenbarung der allgemeinen landesüblichen Verdüsterung, Verrohung und Verwahrlosung zugleich. Intellektualgemeinheit und Infernalverrottung reichen in Bad Homburg einander die Hand zum tödlichen Bündnis schwerster Verstörung im Kainszeichen verruchter Integralinfamie. Lärmende Widernatürlichkeit geht einher mit verheerender Irritation, Stumpf- und Starrsinn paaren sich mit Heimtücke und größter Verschlamptheit. Wenn man die Gemeinheit dieser Stadt und der sie bevölkernden Einwohner und Bewohner mit beider Fürchterlichkeit und Verderbnis vermißt und verrechnet, so kommen wir sofort und unwiderruflich in den kompletten Schwachsinn, in die absolute Geistesschwäche und ins vollkommene Verbrechen.

Die Stadt Bad Homburg v. d. Höhe, nämlich widerlich vor den Höhen des Taunus sich wälzend, prangt und strotzt noch vor den artverwandten Kronberg, Königstein und Oberursel als der unumstrittene Zentralkern im Umkreis der sie umgärenden Niedergangsapparaturen und Katastrophengesinnungen. Wer je die Gemeinheit, ja Gemeinheitssucht der Bürger und sogenannten Bürger erlebt und erduldet hat, der wird nicht länger der Kopfeinsicht sich verschließen können, daß die kriminelle Geschichte und die kriminogene und vertragsbrüchige Gegenwart dieser ruinösen und dabei noch hinterhältigen Stadt vollkommen obszöne, perfide, ja perverse sind.

Bei dieser Stadt handelt es sich in Wahrheit um eine

Bad Homburg ist
Affengeil!

verbrecherische und um eine hundertprozentig vernichtungswillige, um ein rauchendes Niederlagenzentrum der höchsten Art. Die Menschenvernichtungsgier ist hier die eklatanteste. Bestechlichkeit und Bestechungswilligkeit der Einwohner, und zwar aller Einwohner, der Stadt sind die äußersten. Blutsaugerisch egelhafte und nicht weniger ekelhafte Übelgesinnung des bankrotten Großbürgertums geht mit der des rattenhaften Kleinbürgertums unweigerlich einher und reißt in der Folge auch noch ein schwerst vertrübtes und mißbildetes Proletenwesen rasselnd in seine gewissenlos dampfenden Schlünde und Schründe, in welchen aber eine so brutal wie wütend operierende und gleichzeitig heruntergewirtschaftete Geschäfts- und Millionärs-, ja Milliardärswelt von unverantwortlichem Steinreichtum das große Sagen und Kommandieren hat. Zahn um Zahn, Biß um Biß. Diesen furchtbaren Geldmaschinen aber gehorcht und pariert rund um einen seit alters her christlichdemokratischen Oberbürgermeister ein unglaublich verheuchelter und vertrags- wie gesetzesbrüchiger Stadtobermännerrat, untergebracht in einem ebenso gemütsmeuchelnden wie edelsteinprangenden Hause. Die Schwärze dieses sogenannten Magistrates ist die finsterste. Ihr gemäß ist der unter unwürdigsten Konditionen vor einigen Jahren erfolgte Neubau des wahrzeichenhaften und städtischen Kurhauses zugunsten betuchter und gottloser Kranker: eine völlig und vollkommmen lächerliche Architekteninfamie im Stile der korruptesten sogenannten Postmoderne, welche sich auch in den dort widerlich leerstehenden und ungenützten und mit Verbrauchermüll vollgepfropften Läden bewahrheitet, die wiederum auf das vulgärste sich ergänzen mit einer sogenannten Einkaufspassage »Alter Bahnhof«, eines fünf Jahre lang gähnenden Baulochs der nutzlosesten Zumutung, im Volksmund

»Elefantenklo« genannt. Vollgestopft ist der gesamte verseuchte Stadtbereich ferner mit Millionen von Shops und Boutiquen, deren meist gemütskranke Betreiberinnen alle eintretenden Kundinnen mit dem bekannten und sogenannten »Homburg-Blick« unter die Lupe nehmen, nämlich vom Scheitel bis zur meist tatsächlich unschönen Sohle. Kaum besser ist es mit den Metzgereien, in denen tödlich aufgemachte und mörderisch geschminkte Blondinen, in der Regel zurückgebliebene Metzgerstöchter, sich dafür schämen, Metzgerinnen geworden zu sein anstatt Schmuckverkäuferinnen – und die ausgerechnet eben dafür den Kunden mit brutalen Blicken zur Verantwortung ziehen.

Die Jugend dieser Stadt, die auch wie eine große und vernebelnde Metastase an Verschleppungen und Verschluderungen scheint, ist insgesamt politisch unzurechnungsfähig und sozial regressiv bis debil. Sowie gleichzeitig ständig vom Selbstmord bedroht; Gott sei Dank. Kinderbankerten und sonstige infernalische Rotzlöffel, meist hals- und kopflose Ungeheuer der rohesten Unerträglichkeit, müssen spästestens mit 14 Jahren ständig in irgendwelche Tennis- und Klavier- und Reitstunden. Sogenannte Mütter fahren sie auf ihren Pfiff überall hin. Mit 18 schaffen sie es dann im jederzeit offenen VW-Sportcabrio selbst. Neuerdings kommt auch Squash hinzu, es ist wahrlich widernatürlich. Ein jeder der jugendlichen Sauköpfe besitzt mindestens ein Pferd sowie fünf Tennisschläger, wie Pilzer berichtet. Vier von fünfen eifern Boris Becker nach. Es ist ganz grauenhaft und hochgemein.

Die Bestechlichkeit und Bestechungswilligkeit innerhalb der Gangstereien des Wirtschaftslebens dieser die Bürger narrenden und korruptionistischen Stadt ist die höchste und die gleichzeitig treuloseste. Stadtväter und Stadträte halten heruntergekommene Architekten auf das betörendste bei Laune und umgekehrt. Der Niedergang jeglicher Scham ist das bindende Gesetz. Wo ein Homburger, da ein Verbrechen. Wo immer rund um den Bonner Staatssekretär Möllemann oder den Frankfurter Bankier Graf von Galen eine Unlauterkeit und finanzielle Untat zum Vorschein kommt: Immer ist ein Bad Homburger Geldverwerter oder nichtsnutziger Millionär mit von der argen Partie. Widergesetzlichkeit aber im Umgang mit Hab und Gut führt zu jenen schweren Vertrübungen der Hirne, welche nur mit schwersten Hirnverwühlungen mehr zu bezeichnen sind.

Dazu gesellt sich viel Energie für Mindergeist und Niedersinn nebst Gewissenlosigkeit en masse und sowieso.

Gipfelpunkt der Stadtniedertracht aber ist das Anfang 1983 Gott sei Dank abgebrannte, leider Gottes aber noch im gleichen Jahr von den Verantwortlichen vollkommen unverantwortlich wieder errichtete und dabei noch scheußlicher gewordene sogenannte Taunusthermal- und Saunabad. Hier ist in japanisch-chinoiserieverblendeter Stilverrottung alles gleich speiübel und pottwiderwärtig. Nur vollkommen verkommene und enthemmt abgebrühte Menschen vermögen auch nur die schaurige Eingangspforte zu durchschreiten. Trotzdem besingt ausgerechnet der heruntergekommene und völlig irrgehende Frankfurter Dichter Horst Krüger das Bad lauthals im Stadtprospekt. Und kriegt dafür noch Geld. O Scham und Schande, und fehlgewickelte Toren aus Frankfurt, Offenbach, Groß-Gerau und Rüdesheim, ja Rüdesheim, kommen dort auch noch täglich und sogar freiwillig angereist. Der Saustall ist der perfekteste. Wer diese Heimsuchungen je gesehen hat, der verliert sofort Treu und Glauben. Das Grauenwürgendste an der Stadt und am Thermalbad aber sind die Bräunungsstudios zugunsten einer gewissenlosen vermeintlichen Schönheit und der korruptionistischen sozialen Geltung der Gebräunten. In Badehose wird im Kino, nackert am Grill erschienen. Ah pfui der Unkeuschheit, der ausgeschamten! Kein Buch ist weit und breit zu spähen, keine Zeitung. Nur Fernseh ist zu sehen. Und Musik, die dudelt.

Kaum war das erste Thermalbad abgebrannt (prima), schon nahmen Mord und Selbstmord zu (klasse). Jetzt geht es wieder etwas.

Trotzdem gilt heute mehr denn je: Die Emulsion von Unrat in diesem Thermalbad und der Stadt insgesamt ist wie eine exemplarische Explosion von extraordinärer Exorbitanz.

Eine Stadt, die an der Höhe liegt, kann leider nicht verborgen bleiben. Auch Denker, Dichter, Künstler reisten, fehlgeleitet und genarrt, immer wieder mal Bad Homburg an – und wurden hundertprozentig dafür gestraft. Das erste, was F. M. Dostojewski nach der Ankunft in Homburg seiner Frau Anna mitteilt, ist logisch dies: »Offensichtlich sind es Gauner« (17. 5. 67). Denn sofort hatte man ihn im Hotel Victoria betrogen. Am 20. 5.: »Alles ist so stumpfsinnig, dumm und niedrig (...) alle diese Homburger Deutschen mit ihren Frauen. Gedränge, stickige Luft. Geschubse, Grobheit. Ach, wie niederträchtig!« Was Wunder, daß Dostojewski bereits am 29. 4. 71 an Anna schreibt: »Nur möglichst schnell nach Rußland! Schluß mit dem verfluchten Ausland!«

Und schon um 1750 rafft der Dichter Friedrich Karl Kasimir von Creuz (1724–70), der sein Leben vollständig in Homburg verbracht hat, sehr zu Recht zusammen: »In diesem Totental was bleibt uns? Ach, der Aschen dunkler Rest!«

Ähnlich erging es Oscar Wilde und Hölderlin, als sie sich mit der verruchten Stadt einließen. Diese aber gestaltete im Gedenken an den Dichter das armselige Haus, in dem Hölderlin einst logiert, in einen Boutiquenkomplex um und verleiht seither im Einvernehmen mit Marcel Reich-Ranicki den Hölderlinpreis an Sarah Kirsch und Hermann Burger.

Kurz, und um mit Pelzer zu reden: Es ist allesaberauchalles das Widermenschlichste und Aberrattenhafteste in dieser saudummen Geschmeiß- und Gesocks- und Geschwörlstadt. Die auch eine afterböse ist ...

Bei des Himmels ehernem Dache, bei dem Blitz, der herniederfährt, ich aber sage Euch: Noch infamer, noch tausendprozentig infernalkatastrophaler als Hölderlinschmutz und Thermendreck ist ein satanischer Vorgang der allerhöchsten Art und dergestalt, daß die Stadt vor kurzem eine Veranstaltung namens »Die längste Tafel der Welt« durchzog – erklärtermaßen zu dem Ende, dadurch ins Guinness-Buch der Rekorde einzudringen. Fluch und Verdammnis! Höll und Tod! Sii maledetto and go to fuck'n' hell!

Die städtische Gemütsverfassung, wie Wobser nachweist, ist die völlig lausige, tagein tagaus schwärend schwelend durch diese gammelig verrammelte Stadt der Geistesschwäche und der Herzenstorheit, kenntlich gemacht durch jene Rolls Royce und Mercedes 500, mit denen wie gepanzert aufgedonnerte Eheschnallen die Stadt verpestend noch zum Wursteinkaufen wuchten, ihr Diebesgut abermals kreisen zu lassen. Alles ist hier sehr zum Weinen, Wimmern. Wie nichts Gutes dumpft das Leben hin. Alles ist hier voll des Teufels.

Nur die Enten in dem Kurpark nicht. Wie sie schlingen, wie sie betteln. Wie sie watscheln, wie sie wackeln. Die gefallen mir. Gottes Auge ruht auf ihnen.

Postscript zur Neuausgabe:

Interessant, daß Bad Homburg an vielen, an irgendwo fast allen Skandalen/Eklats der deutschen Nachkriegszeit, an irgendwie allen möglichen Kriminalitäten allseits partizipiert hat: von der DGB-Neue-Heimat-Affaire bis zu Herrhausens Ableben 1989; von der Verhaftung des Bankiers Graf Galen bis zur Taunusthermen-Großbrandstiftung; von Jürgen Möllemanns odiosen Scheich-›Twen‹-Kollaborationen bis zur Schleyer-Ermordung von 1977 – der grüne Audi 100 trug Bad Homburger Autokennzeichen. – Man denke darüber nach.

Der General a. D.

Ob die Partei und die Bonner Fraktion der Grünen unlängst gut beraten war, als sie den pensionierten General Gert Bastian, nachdem dieser beleidigt sich vorübergehend als Fraktionsloser im Bundestag getummelt hatte, mehr oder weniger freudig wieder in ihren Reihen begrüßte; ob es überhaupt für eine radikale Friedens- und Umdenk-Partei so außerordentlich viel Ehre einlegt, einen ehemaligen Kommißkopf als Vorzeige-Renegaten und Saulus-Paulus unter den ihren zu wissen, nachdem der Mann jahrzehntelang treu seiner NATO gedient hatte, um sich dann, spät, aber doch im Vorfeld der sog. Nachrüstung via Krefelder Appell von 1981 ein komplett neues Weltbild zuzutrauen: Ob all das denn gut sei und gutgehen könne, das sei hier mal sehr dahingestellt – hätte aber allein für Bastians Plazierung in den »Erledigten Fällen« kaum ausgereicht; auch nicht seine etwas jämmerliche Heimkehr in den neuen bzw. alten politischen Stall zum bequemeren öffentlichen Händchenhalten mit der davon nicht ruhiger, sondern offensichtlich immer aufgescheuchter werdenden Petra Kelly; der General dabei, versteht sich, in signalhaft-dynamischer Lederjacke.

Nun aber hat der General a. D. Gert Bastian einen Leserbrief geschrieben – und den hätte er besser nicht geschrieben, denn jetzt ist er dran. Bastians Leserbrief an die »Zeit«, ein Konter auf eine von mir im »Zeit-Magazin« veröffentlichte Kurzglosse über die Großtörin Luise Rinser, ist zwar nur exakt 10 Zeilen lang; aber in ihm gelingt es dem General geradezu wunderbar, sich fast Wort für Wort als der gußeiserne und nämlich 7fache Kraut- und Rübenkopf zu entlarven, der er immer war. Ein Glücksfall, der nicht alle Tage passiert und wie folgt aussieht:

Der grüne Waste

1. Wegen eines Tippfehlers schickt der General den Brief gleich zweimal ab. Obzwar – siehe unten – eigentlich nichts in dem Brief steht, kein Argument, kein Gedanke vorgetragen wird, empfindet der Absender die Wichtigkeit seines Schreibens als eine so enorme, daß er als ausgemacht unterstellt, die Redaktion habe nichts Eiligeres zu tun, als den Leserbrief als solchen abzudrucken. Den Gefallen hat sie ihm bisher nicht getan. Denn, was wohl auch ihr nicht entging: Der General überschätzt die Wucht seiner Geltung und öffentlichen Stimme maßlos.

2. »Eine weitweit anerkannte und geachtete Autorin wie Luise Rinser wird es ertragen können, wenn ein Eckhard Henscheid sie in widerlicher Weise mit Schmutz bewirft«, eröffnet der General seinen Brief – nachdem meine Glosse Rinser dergestalt mit Schmutz beworfen hatte, daß sie einen besonders ausgeschamt-selbstanpreiserischen Rinser-Satz zitiert und auf Rinsers sehr weit zurückdatierende Hitler-Verehrung angespielt hatte. Nun wird man füglich von einem General, auch wenn dieser schnurstracks vom Militär zum Grünalternativen reifte, nicht verlangen dürfen, daß er auch noch plötzlich über die geringste Ahnungsfähigkeit in Dingen der Literatur gebiete, gar der »weltweiten« Literatur – noch daß er die Werke der von ihm offenbar geschätzten Schriftstellerin Rinser auch liest – noch etwa andererseits die FAZ, jene betuliche Tante, die zwar fast alles durchgehen läßt, was sich moralisch genug daherspreizt, und trotzdem im Fall Rinser gleichfalls wie ich von Unzurechnungsfähigkeit redete (30. 11. 1985). Aber dann sollte er halt auch a) den Mund halten und b) nicht akkurat den dummenfängerischen Schmarren abschreiben, den Rinser, wahrscheinlich schon vollends absent (vgl. den vorletzten der »Erledigten Fälle«), über sich selber verbreitet: Sie sei »eine Person, die eine gute Figur macht im Ausland, eine international angesehene Schriftstellerin« – walt's Gott.

3. »Mit Schmutz bewerfen«: Nun war meine Glosse sehr knapp und lapidar gehalten – aber sie argumentierte doch mit unwiderleglichen Zitaten. Auf diese geht der General aber partout nicht ein; sondern wie jeder CDU/CSU-Dummsack auch negiert er rational vorgetragene Kritik, um sie gleichzeitig mit dem Klischee vom »Schmutzwerfen« zu parieren. Bevor eins sich eventuell kundig macht, zumal über eine Gesinnungsfreundin, schlägt es lieber großmäulig um sich. Zwar stand die Tatsache schon 1984, anläßlich der Bundespräsidentenwahl, zum Beispiel im »Spiegel« nachzulesen, daß Luise (»Ich habe eine ostastiatische Seele«) Rinser einst Hitler, wovon selbstverständlich in ihrer offiziellen Vita nichts mehr verlautet, gar glühend verehrte: »Todtreu verschworene Wächter heiliger Erde, / Des großen Führers verschwiegene Gesandte, / Mit seinem flammenden Zeichen auf unserer Stirn, / Wir jungen Deutschen, wir wachen, siegen oder sterben, denn wir sind treu« – ich hatte dieses Zitat als komischen Kontext eines anderen berühmten Rinser-Statements gewürdigt: »Ich bin die geborene Rebellin und Sozialistin« – aber der General weiß halt nichts, und mit dummbleiberischen Ressentiments lebt sich's halt auch bei den Grünalternativen allemal kommoder und friedsamer.

4. »Ein Eckhard Henscheid«, schreibt Bastian wohlgemerkt nicht an diesen, sondern an die »sehr geehrten Damen und Herrn« der Redaktion, erdreiste sich, diese »weltweit anerkannte und geachtete« Kapazität zu besudeln. »Eine andere Frage ist, ob die Leser es ebenfalls ertragen wollen, daß eine von ihnen geschätzte Zeitschrift wie ›Die Zeit‹ ihre Spalten einer so bösartigen Verleumdung öffnet.« Hier haben wir gleich mehrfach und in fast klassischer Schönheit das 1949/50 von Theodor W. Adorno u. a. beschriebene Syndrom der »Authoritarian Perso-

nality« vor Augen, des »autoritären Charakters«. Nicht ist ihm an Information, Lernen, Einsicht gelegen; sondern er zehrt vom Vorurteil, von Stereotypen, von der Rang- und Befehlsmentalität. Gläubig den Hörensagen-Autoritäten – hier Rinser wie der »geschätzten« Zeitung –, hat er gegen Argumente, gegen Differenzierung, gegen die Kenntnisnahme anderweitiger Meinung fest abgeschottet. Begrifflos denunziert er lieber vor sich hin. Der Typus, und schillere er heute noch so grün, ist ein sich grün giftender und augenscheinlich ewiger.

5. ». . . Verleumdung öffnet, die nichts mit Geist und Ironie, dafür viel mit jenem menschenverachtenden Bild-Journalismus zu tun hat, der sich nicht zur Nachahmung empfiehlt.« Er meint hier anscheinend die »Bild«-Zeitung. Nein, der General hat wirklich keine Ahnung, wovon er redet.

6. »Das war ein ärgerliches und unnötiges Eigentor«, kommt Bastian zum Schluß, »für das sich ›Die Zeit‹ bei Frau Rinser entschuldigen sollte.« Das sind nun zwar nicht gerade Nazi-, aber doch gut alt- und treudeutsche Methoden in sehr reiner Ausprägung; nämlich der a) Anmaßung, der b) Drohung und der c) kaum verschleierten Erpressung des Gehalts, einen ihm unliebsamen Autor, den zu kapieren er entweder zu hartköpfig oder aber zu unwillig ist, zu entfernen, außer Brot zu setzen. Bastian mangelt auch die mindeste Demokraten-Ahnung der Art, daß ein Kolumnist im Zweifelsfall seine eigene Meinung formuliert, die nicht – stillgestanden! – die Tendenzmeinung einer Redaktion zu sein hat. Was er mit seinem Entschuldigungs-Appell letztlich von den Verlagsoberen heischt und worauf er hinaus will, das ist meine, des Autors, unehrenhafte Entlassung bzw. Ausstoßung ohne Zapfenstreich. Nein, er hat bei den Grünen wirklich nichts gelernt. Wie sollte er. Ausgerechnet bei denen.

Fehlt eigentlich nur noch die idealtypische Drohung der Blatt-Abbestellung, mit der, erwartbar, viele andere »langjährige Leser« des »von mir hochgeschätzten Blatts« auf die Glosse reagierten: wie Bastian fixmoralische und in Wahrheit (adornoisch gesprochen) faschistoide Autoritätsbolzen kleinbürgerlicher Denkstruktur, die ihr Unwissen und ihre Gedankenlosigkeit durch Erpressungsneigungen kompensieren; ihren Unwillen, nicht konvenierende Tatsachen und Meinungen zur Kenntnis zu nehmen, durch hochgeschraubte Ressentiments und Denunziation, durch den Ruf nach dem Kadi. Sie allesamt wären in der CDU gut aufgehoben.

Wie auch der General a. D. Bastian. Er weiß nichts, er begreift nichts, er leidet, wie so viele Grüne, unter einem mächtigen Schatten. Der freilich manchmal zum Segen ausschlägt. Denn über seinen Leserbrief erfahre ich

7. endlich und ziemlich definitiv, wer die Ignoranten und Dummköpfe waren, welche 1984 auf Frau-kommraus die vollends wahnsinnige Rinser-Präsidentschafts-Kandidatur anzettelten und durchdrückten: die Fraktion Bastian und, mit ihm händchenhaltend, Kelly. Zusammen mit Rinser ein wundersames Triptychon; die Heilige Familie selbdritt. Das Leben spielt manchmal schon sehr bescheuert.

Bliebe abschließend zu hoffen, daß der General betreffs dieses neuerlichen bösartigen und verleumderischen Artikels wiederum einen Brief zum Postkasten trägt mit dem einem alten Atavismus abermals zum Durchbruch verhelfenden Befehl, den Autor standrechtlich erschießen zu lassen. Im Zweifelsfall an den hessischen Verteidigungsminister mit der Bitte um Amtshilfe.

Zwei starke Theologen

Der Tübinger katholische Theologieprofessor Hans Küng spricht auf der ersten Druckseite seines 6-Seiten-Referats »Theologie und Literatur: Gegenseitige Herausforderung« (zu einer Tagung in Tübingen, Mai 1984, jetzt nachzulesen als Kindler-Buch, 1986) dreimal von »Paradigmenwechsel«. Sodann mehrfach vom »postmodernen Paradigma«, von einem neuen »Paradigmakandidaten«, von der »inneren Krise des Paradigmas der Moderne« sowie davon, »die das Ethos begründende und konkretisierende Religion in einem«, noch einmal haben wir's da, »postmodernen Paradigma (zu) erhalten«.

Worum geht es? Es geht um dem »gesamtkulturellen Einbruch« sowie um die sich stellende Frage, »ob der Religion in diesem Paradigma eine neue Chance eröffnet wird. Wir wollen gerade die moderne Literatur darauf hin befragen.«

So: »Wie muß sich Theologie (und Kirche) im Spiegel der Literatur wahrnehmen?« Antwort: »Theologie sucht gerade in dem so sensiblen Raum der Literatur nach Möglichkeiten, ihre eigenen Defizite und Deformationen zu diagnostizieren.« Sie muß dabei »ihr Eigenes einbringen, gewiß«, aber auch »literaturtheologische Forschung intensiv treiben«, auf daß »so wichtige Gesprächsfelder eröffnet« werden. Es geht dabei um die »an diesem Dialog beteiligten Gruppen«, um »Sachprobleme«, um »theologisches Problembewußtsein«, um »Krisenwahrnehmung«, um »authentische Subjektivität« sowie um die »konkretisierende Religion«. Deshalb muß jemand »noch stärker als bisher sensibilisiert werden«, auch um die »gegenseitige Herausforderung« zu bestehen. Denn: »Es

Die spinnen, die Theologen!
EX VOTO

wäre die schlechteste Frage nicht, die Schriftsteller sich stellen könnten, ob ihr Reden (. . .) Bestand hätte vor dem Werk eines Nikolaus von Kues, eines Pascal (. . .), eines Karl Barth und Paul Tillich.« Nur so nämlich »gelänge es, ein Stück weit den kulturellen Graben zu überbrücken«.

O Gott, man muß ihn wirklich zum Zeugen anrufen. Früher palaverten die kath. Theologen wenigstens von Gnade, Reue, Gewissen, Unkeuschheit, Halleluja und vom Deus absconditus und absonderlichus. »Wenn Theologen heute in neuer Weise von Gott reden« (H. Küng, a. a. O.), dann wird's noch grausliger, sind sie selbst dazu zu korrupt. Ja mei, wenn Gott nix mehr hergibt, muß eben der Paradigmenwechsel geradestehen. Küngs Tübinger Rede ist, auch übers Zitierte hinaus, ein einziger Dummdeutsch-Schrotthaufen und (wie die Liste der Tagungsteilnehmer von Drewitz über Rinser zu Zahrnt) ein wie von hyperbolisch operierenden Satirikern erfundener dummer Witz. Ein Gremium, das aber leider seine Jünger hat. Und vor allem: »Küng weiß, was seine Leser mögen« (Der Spiegel). Weiß Gott; auch wenn er als Wort weitgehend aus dem Spiel bleibt; offenbar ist er momentan nicht smart genug. Diese auch noch von Dichtern umsäumten staatsausgehalten-kritischen Theologenhanswurste sind noch angepaßter, nämlich zeitgeisthöriger, als selbst der Papst. Der im Rahmen der geltenden Spielregeln für Erwachsene an der entgegengesetzten Front rumdröhnt; aber eigentlich doch an der gleichen. Der bekennende Fall dessen, der seit einem Jahrzehnt als Märtyrer wider den Papst professoriert und (auch das kann er erklären, warum das so sein muß) draus bestverkäufliche Bücher zusammenschleimt, ist längst langweilig geworden. »Existiert Gott?« und »Ewiges Leben?« so lauten zwei Küngsche Buchtitel. Wer zweimal dumm fragt, hat zumindest eine gescheite Antwort verdient: Aber so hören S' doch endlich auf.

Womit dieser Fall von »postmoderner Theologie in einem Schweizer Krachschädel« (Wolfgang Steuhl) auch schon erledigt ist.

Dunkler, heikler, haariger der einer partiell verwandten Seele, diesmal von der evangelischen Fraktion: der Fall der Dorothee Sölle. Seit gut 17 Jahren, als sie das von ihr sog. Kölner »Politische Nachtgebet« erschuf und im fast gleichen Atemzug am 24. 10. 1969 einen Ex-Benediktinerpater zum ökumenischen Traualtar führte, führt kein Weg an D. Sölle mehr vorbei. Seit jenem Tag nervt und belastet uns jene, die das Theologische und das Politische im Zuge einer – von ihr und anderen – sog. »Befreiungstheologie« in Prosa und leider und vermehrt auch im Gedicht zur Einheit schmieden will. Nicht steht sie innerhalb ihrer Konfession allein, im Gegenteil, Karrieren wurden unter diesem Slogan gebaut, – allein: Sölle ragt als unvermeidlichste und sinisterste Kraft. Nun mag man freilich immer wieder mal vorab fragen, wieso, warum, weshalb ausgerechnet die geruhsamsten und beschaulichsten Köpfe, die der lutherischen Gottesdenker, die Fackel der Revolution entzünden zu müssen meinen, warum allzumal die verschnarchtesten und verdrucktesten Orgelpfeifen der historisch zementierten deutschen Innerlichkeit sich dazu berufen fühlen. Wie immer, Sölle frägt sich längst nicht mehr; sondern quält uns, die wir schlecht ganz weghören können, in Schall- und Printmedium; sei's mit nimmermüd geworfenen Büchern, welche unwiderlegbar aufklärerisch etwa »Aufrüstung tötet auch ohne Krieg« heißen; sei's achtmal jährlich im SWF II mit ihrer Stimme zehnminütiger penetranter Ergriffenheit; sei's in der Ex-DKP- und jetzt notgedrungen undogmatisch-feministischen und erfreulich exklusiven Zeitschrift »Das Argument«, die sich auch dafür hergibt, Sölle-Gedichte abzudrucken wie »mütter und töchter«, in denen so ziemlich aller aktueller Erlebniskitsch von Friedensfrauenversammlungen lyrisch breitgemacht wird: »auf einer versammlung der frauen für frieden / hat eine frau brote geschmiert und gesagt / ich bin die mutter von eva / die ihr ja alle kennt . . .«

Sowohl in Aufsätzen wie »Vater und Mutter unser im Himmel – Anfragen feministischer Theologie« als auch in ihren SWF-Nachtgebeten tangiert Sölle so ungefähr alles, was heute Rang und Namen hat: die Nato-Nachrüstung wie die Berufsverbote, den Vietnamkrieg und den »Lernprozeß hinsichtlich der Dritten Welt«, sie vermittelt »Eindrücke aus Nicaragua« und warnt vorm »nuklearen Holocaust«, sie geißelt »Konsumismus und Hungersnot« samt »Atomkriegpazifismus« und »Sexismus«, sie predigt den »Glauben als Kampf gegen objektiven Zynismus« und behandelt, nicht zu vergessen, freilich auch immer wieder so brenzlige Themen wie den »anarchistischen Zug« der Gottesmutter Maria.

Eine brave Seele. Den meisten ihrer Reden über Atom & Dritte Welt & Repression ist kaum zu widersprechen – was liegt da an, das uns so nervt?

Die heute 57jährige, in Hamburg lebende D. Sölle ist die personifizierte unwiderstehliche Gut- und Aufrechtheit – und eben deshalb eine signifikant Verwirrte und Unerträgliche. Es braucht etliches und durchaus leidvolles Lesetraining, um zu begreifen oder doch zu wittern, wie hier Gutheit in Aufdringlichkeit und diese in Kopfübelkeit umschlägt: Ein seinerseits gutmütiger Mensch kann nur noch idiosynkratisch reagieren.

Anders als Küng redet Sölle durchaus von »Gott«, und das wie! – allein, auch das rettet sie nicht, sondern nun umgekehrt wegen des atemraubend innigen Umgangs mit »Gott« kommt es zu Katastrophen der bösesten Art. Wer, neben der und synchron zur »Befreiungstheologie«, das knalldummdeutsche Wort »Bibelarbeit« in Umlauf setzt, muß einen zumindest leichten Hau haben; wer das einschlägige Buch »Die Erde gehört Gott – Texte zur Bibelarbeit von Frauen« (rororo) geschrieben hat, einen mittleren; wer's liest, kriegt einen schweren: Mehr als drei Seiten Lektüre läuft auf Selbstverleugnung hinaus. Viel von dem da Verzapften vermag der Nicht-Protestant gar nicht zu begreifen, einiges immerhin zu erahnen: »Gott bereut«, heißt es im infantilen Ernst der allerinnerlichsten Theodizee – aber auch gut hegelisch: »Daß Gott sich ändert, macht Gott nicht kleiner, sondern ist Sein im Werden.« Sölle über Gottes biblische Versprechen, daß es zu keiner zweiten Sintflut komme: »Ich verstehe dieses Gelübde Gottes so, daß Gott auf die Erde hört.« Gott befohlen – und dies ist der Grund von Sölles Zuversicht: »Die Erde dreht sich zärtlich. Das ist ein Satz, den Gott sagen könnte.« In der Folge dessen ist der 8. Mai 45 zu verstehen als »ein Bund, den Gott mit uns schließen wollte«. Freilich, der Mensch sah zwar den Regenbogen, allein er »nimmt den neuen Bund Gottes nicht ernst«. Ergo: »Es klingt fast, als hätte Gott Angst, noch einmal von seinem Zorn und seiner Verzweiflung über die Bosheit übermannt zu werden, und wollte sich darum im Bund selber binden (. . .) Der Regenbogen erinnert mich aber an den Frieden, der möglich ist«. Allerdings, »der Schmerz Gottes über eine mörderische Welt ist heute nicht kleiner als zur Zeit der großen Flut«.

Obwohl es schlimm ist, der Nicht-Christ lache dessen nicht: Derlei Bibelexegese ist christliche und vergleichsweise harmlose Tradition. Ehedem kursierte so was degoutierlich als »Erbauungsliteratur« – heute ist es unterm Namen politischer Theologie wieder vollrohr da, Aufklärung zurückzupfeifen. Sölle schwätzt von »Gott« wie von »Nicaragua«; wie eine durchgedrehte Mystikerin – und bis sie, auf Teufel komm raus, selber dran glaubt. »Die Erde dreht sich zärtlich«: Stimmt, sie rumpelt nicht mehr so wie vor dem 8. 5. 45 – aber warum hört sich das an wie ein Schickeriafilm von Eric Rohmer? Weil's an C&A-Reklametexte erinnert? Was ist mit dem Unsinn »Bibelarbeit für Frauen«? Und warum um Jesu willen »ist der Held der Bibel der kleine Mann«? Weil man mal Brecht hörensagen und sofort falsch verstanden hat? Aber auch für derart vergaunerte Vermantschungen ein paar Dumme findet, denen dabei andächtig wird?

»Bruder Gott« heißt ein Kapitel – selbst der seelenaffinen L. Rinser »Bruder Orang Utan« (vgl. vorne) schließt da schamvoll die Lider! War jener »Bruder« nicht eben auch noch »Vater und Mutter«? Wer spinnt da schamfrei vor sich hin und übt trotzdem seit 1975 am Union Theological Seminary New York eine Professur für – ausgerechnet! – Systematische Theologie aus? Im Rahmen eines perfekt internalisierten Wahnsystems aus Erbauung mal Anbiederung! Könnte man's dem Brudervaterschwager Gott verdenken, wenn er nächstens doch seinen Bund vergißt und seiner besten Freundin via Schlag durch die Elektro-Schreibmaschine voll auf die Finger haut?

Ein böser Finger, fraglos; aber einer, der, so dürr und schwach er ist, doch seine Kritiker und Spötter recht wehrlos macht. Denn zwar ist eigentlich ein Frömmelschwan wie Sölle ausreichend mit sich selbst gestraft; mit ihrem unendlich guten, elenden, beklagenswerten Gelabere, das meist nur um so großdumpfmeisterlicher rankt und blüht, je passionierter es gleichzeitig der Dritten Welt aufhelfen möchte – andererseits wirkt es, um es christlich zu benennen, als ein seelenverderberisches Ärgernis. »Von Gott verlassen« betitelt Sölle einen Aufsatz über »Augenzeugen des Holocaust«, und natürlich muß man erst mal über die unfreiwillige Selbstdeutung lachen, denn tendenziell mahnt Sölles Schrifttum als das einer Geisteskranken für Geisteskranke und also im Christensinn Gottverlassene – zum andern ist die christliche Idee der Hybris eine, die auch dem Nichtchristen einleuchtet. Man lache also nicht – aber es fällt schwer: »Wählt das Leben!« kräht, man kann wirklich nicht mehr hinhören, Sölle 1980 in Buchform, und man wird ganz fickrig dabei, wenn einem die Sölle-Lektüre Zeile für Zeile zu verstehen gibt, wie unerkannt dieses Leben gerade an diesem Menschen vorbeizieht; weil er vom Frömmel- wie vom Auserwähltheitswahn befallen ist – zu welchen beiden sich das allseitige Gutheits- oder »Wackernagel-Syndrom« (Michael Rutschky) gesellt, ein Suchtdefekt, den Sölle immerhin mit nicht wenigen teilt, mit H. E. Richter wie mit dem Dr. F. Alt und unser aller P. K. Kelly – auch Böll, obschon er die Gefahr wohl zuweilen ahnte, war nicht frei davon und zeigte sich zu wenig resistent. »Ein guter Mensch kann uns furchtbar auf den Wecker fallen«, lehrt furchtlos Otto Schily – wetten, daß er dabei an Petra und Dorothee gedacht hat, die sich beide irgendwie ja auch noch furchterregend ähnlich sehen?

»Neuartige diffuse Neurosen treten massenhaft auf«, deutet Sölle sich abermals in aller Unschuld ziemlich korrekt – zur Religionsneurose, die Freud beschrieb, tritt existenzbedrohlich der Verantwortungs-, der Wichtigkeitswahn. Eine arme, eine fast verdammte Seele, so der feste Eindruck, liest man auch nur ein paar Minuten lang in ihre bedrückenden Mystizismen und Platitüden hinein – aber leider und immerhin auch eine imperiale; eine die über ihren professoralen und medialen Verteilerapparat Hunderttausende von angeknacksten Seelen noch verstörender zu verheeren vermag mit höherem Blödsinn, vorgetragen im beharrlich ranzigen Weihetremolo – welcher bibelfeste Gott vermag sich da zwischen Verzeihung und Verdammnis zu entscheiden?

Ein Fall fürs himmlische Sonderschiedsgericht.

»Verrückt nach Licht«, »spiel doch von brot und rosen«, »fliegen lernen«, so ulla-hahn-mäßig einerseits und erica-jong-geschult andererseits lauten Gedichtbände Sölles, die leider nicht nur von der Groß- zur (feministischen?) Kleinschreibung, sondern auch noch einen Verlag (wolfgang fietkau) gefunden haben und rare 10 000er-Auflagen erklettern; wovon z. B. zehn lebende Benns nur träumen konnten. Verewigt wird in den Poemen, erwartbar und bis zum Gehtnichtmehr, der pseudolinke Neo-Kitsch der Zeit, der grüne zumal: »Einmal werden die Bäume die Lehrer sein.« Oft wagt Sölle sich in die ihr geläufige terra incognita des Spiritistischen vor: »ich stelle essen bereit / für die immer hungrigen toten.« »Export/Import, eine Meditation über Handelsbeziehungen mit« (ja, Sie ahnen richtig:) »Nicaragua« bringt, schöner noch als Kroetz, Politik und Poesie abermals unter einen Hut: »Viele so hören wir / arbeiten dort / ohne lohn / könnten wir nicht gesundheitsarbeiter importieren / auch bei uns ist viel zu tun.«

O Gott, packen wir bloß nicht noch mehr an, es ist eh schon grauslig. Allein eben hier, in dieser eingebildeten omnilateralen Mission, sitzt der Hase an der Wurzel des Übels Sölles und ihrer neolutheranischen Kombattanten, in deren Reigen es, wie man hört, auch, nein, sie lassen nichts aus, »Prozeßtheologen« hat, da hilft freilich nur noch beten –

– denn hier knabbert das Unheil noch gefräßiger als beim Krabbeln durch die Untiefen bibelexegetischer Blackouts. Gewiß, eine Leidende, eine vor allem an den eigenen Hirnrissigkeiten und Aufgescheuchtheiten Laborierende – aber kümmern wir uns da nicht schon wieder gar zu viel? Evangelische Theologen werden, so das Statistische Jahrbuch, die Allerältesten: im Schnitt 78 Jahre. Mag sein, daß das auch Sölle locker schafft – und um die beharrlich exaltierende Schwester Kelly braucht man sich noch weniger Sorgen zu machen.

Denn so skrupulös der Kritiker Selbstgerechtigkeit meiden möchte: So selbstgerecht fühllos und rücksichtlos operiert ja unsere Gutheits-Professorin. Nirgend trat das schmerzhafter zutage als bei Sölles schriftlichem Abschied von H. Böll, im Rahmen eines auch sonst schwerst vergeigten und verschmockten Sonderbands der Zeitschrift »L '80«. Zum Lohn dafür, welch bescheuerte Freundschaften Böll sich offenbar zeitlebens leistete, statt sich wenigstens, dafür hatte er wenig Gespür, die bigottesten Figuren vom Leib zu halten, verabschiedete Sölle einmal in Prosa und pentrant mythelnd ihren »Hein« mal als »Bruder«, mal als Freund Hein – und schickt der distinktionslosen Tirade auch gleich noch die »Trauer-Arbeit« (Sölle, im vollen Ernst) eines Poems nach, das wir als Monument der neusten feingeistigen Schamlosigkeit & Verlogenheit hier zum Köllschen Kehraus wiedergeben wollen; in voller Länge und künftigen Geschlechtern zur Pein und Lehr:

»Als heinrich böll starb«

»Wer schützt mich jetzt | vor den projektilen der polizei | die in die unbewaffnete menge schießt«
(Bisher, klar, tat's Böll; aber wo, fragen wird man doch mal dürfen, schoß eigentlich die deutsche Polizei seit 1945 in die unbewaffnete Menge?) –
»wer schützt meine augen | vor dem tränengas«
(Doch, Sölle hat recht, auch dieses tränentreibende Reizwort ist längst poesiefähig) –
»wer schützt unsere stimmen | vor dem knebel des schweigens«

(Die Frage ist rein und kunstvoll rhetorisch; da brauchen Sölle-Lauscher die wenigste Angst zu haben) –
»wer beschützt uns den verstand / vor bild boenisch & co«
(Schön immerhin, daß sie ihrem so wenig zutraut; hier aber wäre parallel und zwischenzufragen: wer uns vor Sölle schützt und ihrem Leim, auf den eigentlich mitdenkende 14jährige nicht mehr gehen sollten) –
»und wer unser herz / vor verzweiflung / wer unsere verzweiflung / vor kälte«
(Ob sie auch nur ein Wort von dem glaubt, was sie da mit den vorgestanztesten lyrischen Klischees zusammenseiert? Das ist die verzweifelte Zwischenfrage) –
»wer erinnert uns jetzt / an das brot der frühen jahre«
(Niemand, gottlob, denn wenigstens ist dieser frühe Böll-Kitsch heute vergessen. Aber Sölle weist nach, daß sie noch was im Ohr hat) –
»und den geschmack der schuld / und den geruch feuchter klamotten/ in einer engen wohnung / und das sakrament der geteilten zigarette«
(Bisher schmarrte sie nur; jetzt ist sie wirklich narrisch geworden) –
»wer erinnert uns jetzt / an diese art feindesliebe«
(Bloß nicht! Feindeshaß ist gesünder!) –
»die du höflichkeit nanntest«
(Noch immer kein Fragezeichen, sie meint's ja auch mehr als affirmativ hirnzerbröselnde Litanei, wie Böll sie mochte) –
»wer beschützt uns jetzt / vor uns selber«
(Endlich! Was sind die Projektile der wild ballernden Polizei gegen diese schlierigen Quallen im Hirn? Allein, gegen die war auch der vitale Böll schon wehrlos) –
»wer tröstet mich / mit untröstlichkeit«
(So gußeiserne Paradoxa schafft nicht mal Marcel Reich-Ranicki) –

»wer verspricht uns / nicht sieg unter einem himmel / der immer schöner schimmernden kampfflugzeuge«
(Na bravo, grad spät genug, aber immerhin fallen ihr die auch noch ein zum Gesinnungs-Flaggezeigen) –
»aber wenigstens tränen«
(Versteh ich nicht mehr, den Satz; aber macht nix, Hauptsache, die Schlußkurve steht, und das wie eine Eins:) –
»wer stärkt uns / mit waffenlosigkeit / wer bittet für uns«.
Ich. Nämlich für sie und, weil's schon wurscht ist, auch noch Küng. Wenn es heute sog. Startheologen andauernd mit Paradigmenwechsel und anarchischer Bibelfrauenkampfflugzeugabwehr haben, dann, fürchte ich, bin ich als Altagnostiker wieder dran.

Ein Bankier auf der Flucht

Der deutsche Bankmanager Dr. rer. pol. Alfred Herrhausen, Diplomkaufmann, wurde am 30. 1. 1930 in Essen geboren und ist seit Mai 1985 neben F. Wilhelm Christians einer der beiden Vorstandssprecher der Deutschen Bank (DB), die seit hundert Jahren noch nie so hohe Gewinnsteigerungen (64 Prozent) verbuchen konnte wie 1985 sowie mit einem Bilanzvolumen von über 200 Milliarden Mark weltweit zu den zehn größten der Branche zählt und das größte Geldinstitut der Bundesrepublik ist.

Alfred Herrhausen, laut FAZ lange Zeit »Kronprinz« der DB, wurde Nachfolger von Wilfried Guth; wie dieser kam er als einziges Vorstandsmitglied nicht aus den eigenen Reihen. Geholt zur DB wurde er einst von Christians, mit dem er, so die FAZ, vom Typ her, eine gewisse oberflächliche Ähnlichkeit aufweise; was das Blatt als »Zufall mit tieferer Bedeutung« wertet. Der gleichen Zeitung war schon am 31. 1. 1985 zu entnehmen, daß das Auge des Ehrenvorsitzenden Hermann J. Abs lange Zeit wohlgefällig auf Alfred Herrhausen geruht habe.

Dem »Spiegel« gilt Alfred Herrhausen als kommender Mann des Hauses, der sich vor allem um die Volkswirtschaft und die Außenhandelsfinanzierung kümmere. Der auch nach Ansicht der Konkurrenz hervorragend geführte Branchenprimus DB hat in Alfred Herrhausen einen Mann gefunden, welcher, laut »Die Zeit«, durch optimale Sachlösungen mitgestalten und einen Beitrag zur positiven Entwicklung der Wirtschaft unseres Landes leisten wolle. Denn: »Ich bin stolz auf das, was hier nach 1945 geschehen ist.« Die Gefahr der Machtkonzentration auf

die DB sieht Alfred Herrhausen dabei nicht: »Natürlich haben wir Macht, aber nur im Sinne von Einflußmöglichkeit, nicht im Sinne von Beherrschung. Denn beherrschen können wir nichts« (cit. nach »Der Spiegel«).

Alfred Herrhausen ist privat ein begeisterter Golfspieler, Skiläufer, Surfer und Vater einer heute 8jährigen Tochter. Für das »Handelsblatt« ist er der Demokrat im klassischen Sinne: »Nicht immer bequem, aber fruchtbar«.

Ehe er zum 1. 1. 1970 zur Deutschen Bank stieß, war Alfred Herrhausen kaufmännisches Vorstandsmitglied der Vereinigten Elektrizitätswerke (VEW) Westfalen AG und als solches wesentlich am Zustandekommen der Teilprivatisierung der VEW beteiligt. Ursprünglich hatte der vormalige Ruhr-Manager Lehrer werden wollen. Seit 1952 Diplomkaufmann, promovierte er bei Theodor Wessels mit einer Arbeit über »Grenznutzen als Bestandteil des Marginalprinzips« zum Dr. rer. pol. und begann seine Berufslaufbahn noch im gleichen Jahr als Direktionsassistent bei der Ruhrgas AG. Das Bankwesen erstmals bei der Empire Trust Company in New York berührend, war Alfred Herrhausen ab 1957 bei der VEW beschäftigt, ab 1967 im Vorstand. Im Zuge seines Wechsels zur DB übernahm er, der für die FAZ im übrigen ein sehr zurückhaltender Typ ist, im Lauf der Zeit zahlreiche Aufsichtsratsmandate in der deutschen Industrie und Wirtschaft, so u. a. bei Daimler-Benz, Klöckner und Siemens. Nachdem Alfred Herrhausen vorher schon als treibende Kraft im Rahmen des Projekts einer deutschen Reifenfusion auf sich aufmerksam gemacht hatte, wurde er 1982 auch als einer der drei Stahlmoderatoren (»drei Weisen«) berufen, die i. A. der Bundesregierung ein Konzept für die notleidende Stahlbranche erarbeiten sollten. Dies allerdings scheiterte. Was Alfred Herrhausen heute noch bedauert:

»Man hat eine große Chance, vielleicht sogar eine Sternstunde verpaßt.«

In den 70er Jahren war der ehemalige VEW-Mann auch als Vorstandsvorsitzender der Daimler-Benz AG im Gespräch, bewahrte aber der DB die Treue.

Im Wechsel von der VEW zur DB kam, so analysiert es das »Handelsblatt«, das bei der Gelegenheit Alfred Herrhausen »(Durch-)Stehvermögen« bescheinigt, ein neuer Trend in der Personalpolitik der Großbanken zum Ausdruck, weil Männer aus der Industrie bisher für Vorstandspositionen der Bankinstitute wenig Chancen hatten. Ein unbeschriebenes Blatt, so das gleiche Blatt damals, sei Alfred Herrhausen allerdings nicht mehr, zumal er seine Ziele – oft gegen hartnäckigen Widerstand – erreicht habe und zwischen 1967 und 1969 die VEW aus dem »Dornröschenschlaf unter der Decke kommunaler Aktienhoheit geweckt« habe. Damit, so das »Handelsblatt« vom 29. 10. 1969, sei Alfred Herrhausen charakterisiert, auch wenn er kein Arbeitstier sei und Pausen brauche, um, wie er sagt, »Dinge zu klären und mit den Gedanken zu spielen«. Das neue DB-Vorstandsmitglied, fährt das Blatt fort, sei der ambitionierte philosophische Laie, der sich die Erkenntnis zu eigen gemacht habe, daß der moderne Mensch keine Grenzen des Suchens und Fragens mehr kenne. Denn Alfred Herrhausen wolle mit Karl Jaspers vorbereitet sein auf »den Umgang mit dem Unvorstellbaren«.

Seit 1977 ist Alfred Herrhausen in zweiter Ehe mit der Tochter eines Sozialdemokraten verheiratet.

Gleichzeitig ist er Autor eines »internationalen Atomenergiekursus für Manager« sowie eines Buchs über »Aufbau und Organisation amerikanischer Aktiengesellschaften«. Alfred Herrhausen: »Ich gehe gern intellektuell in die Analyse.«

Für die »Zeit« ist Alfred Herrhausen 1985 ein Mann,

der nicht gern im Rampenlicht stehe, der aber, so seine eigenen Worte, die Bundesrepublik über alles liebe. Daß er, wie der »Spiegel« wähnt, unterkühlt, dozierend, respekterheischend, arrogant und unduldsam sei, ist für die »Zeit« ein Vorurteil. Vielmehr sei Alfred Herrhausen eine elegante Erscheinung, voll selbstbewußter Gelassenheit und unaufgeregten Ernstes. Weder habe er Dünkel noch sei er anmaßend; dazu sei er zu selbstkritisch. In Wahrheit meistere er seine Aufgaben freudig und beherzt.

Immerhin attestiert auch der »Spiegel« Alfred Herrhausen raschen Verstand und beträchtliche, ja druckreife Eloquenz. Vorbilder habe er keine, denn, so Alfred Herrhausen: »Sobald man nach einem Vorbild sucht, erleidet man Ich-Verluste.« Weil: »Krisenbewältigung erfordert oftmals Schonungslosigkeit der Führungskräfte gegen sich selbst.« Und: »Der Fleißige hat immer Zeit« (cit. nach »Die Zeit« vom 24. 5. 85). Dem »Spiegel« gilt Alfred Herrhausen deshalb als »politisch«; die Sache des Kapitals liege bei ihm »in den besten Händen«. Laut »Die Welt« dagegen ist er ein Mann, der nicht lange fackelt und auch vor undankbaren Aufgaben nicht zurückschreckt. Der »Rheinische Merkur« macht darauf aufmerksam, daß Alfred Herrhausen eine Traumkarriere hinter sich habe, die mit der Bestellung des 55jährigen Sohns eines Vermessungs-Ingenieurs zum Nachfolger Guths gekrönt worden sei. Und dies, obschon der DB-Kapitalmarkt-Stratege Robert Ehret das bei weitem höhere Dienstalter habe vorweisen können. Alfred Herrhausen sei freilich auch das Glück des Tüchtigen zur Seite gestanden.

Wobei jener, der für den »Spiegel« weit jugendlicher wirkt, als man sich einen Mittfünfziger vorzustellen hat, für »Capital« eher »Banker aus Zufall« wurde. »Ich habe«, berichtet Alfred Herrhausen, »nie daran gedacht, Banker zu werden«; sondern Studienrat. Während »Capital« ihn

1977 als »Sanitäter« würdigt, in dessen Heilkräfte seine DB-Vorstandskollegen Zutrauen hätten, frägt sich das »Manager-Magazin« schon in der Überschrift: »Ein Mann ohne Eigenschaften?« Und antwortet sich selbst: »Alfred Herrhausen hat das Zeug zum Mustermann der Nation. Er ist weder zu groß noch zu klein, er ist stets tadellos gekleidet, er hat Idealgewicht und ein Jungengesicht.«

Und schon am 28. 7. 1972 staunt das »Handelsblatt«, daß Alfred Herrhausen als Aufsichtsratsvorsitzender der Continental Gummi-Werke die Hauptversammlung stehend geleitet habe. Er habe nicht gewankt und sei bis zum Ausklang um 14.30 Uhr nicht von der Stelle gewichen. Dies sei in Deutschland eine Seltenheit, ja ein Unikum. Das Blatt kennt auch die Hintergründe. Er, Alfred Herrhausen, bekenne, daß er bei Aktionärsversammlungen mitunter in der Gefahr stehe, Attacken zu scharf zu parieren; das Stehen sei eine Art »psychologische Schwelle«, die allzu heftige Repliken verhindere.

Kurz: Höher, so bestätigt auch der »Spiegel«, kann man in der deutschen Wirtschaftshierarchie nicht mehr klettern. Und so sieht es auch H. Abs: »Von denen, die wir haben, ist er der Beste, womit ich aber noch kein Werturteil abgegeben habe« (cit. nach MM).

Zudem schmückt Alfred Herrhausen sein Büro mit Beuys und Familienbildern.

Dabei hatte Alfred Herrhausen eigentlich Philosoph werden wollen. Der »Zeit« teilte er mit, sein Nährboden für den Wunsch nach Stille im Sinne seines Engagements für die Philosophie sei durch einen Dominikaner-Pater geweckt worden, der ihn früh in Religion unterwiesen habe. Nach Auffassung der »Zeit« hat die Begeisterung für die Philosophie schon zur Abiturzeit bestanden. Heute nenne Alfred Herrhausen sich einen Popperianer und bekenne sich zu Poppers Methode des kritischen Rationalismus, d. h. zum logischen Prinzip der Falsifikation, d. h. der permanenten Fehlerkorrektur. Gleichzeitig vermag der DB-Sprecher auch Montesquieu zu zitieren: »Nichts bedarf größerer Weisheit und Vorsicht als die Festsetzung dessen, was man von den Untertanen nimmt und was man ihnen gibt.« In diesem Sinn plädiert Alfred Herrhausen im jüngsten DB-Geschäftsbericht für ein »durchschaubares, verständliches und möglichst einfaches Steuersystem« sowie in »Zeiten starker Unsicherheit« für niedere Sollzinsen. Alfred Herrhausen hatte nach dem Krieg auch Philosophie studieren wollen, aber von der Universität Köln nur einen Studienplatz für Wirtschaftswissenschaften zugewiesen bekommen, nämlich dank seiner Eigenschaft als Mitglied der damaligen westdeutschen Hockey-Auswahl.

In einem Gespräch mit dem »Manager-Magazin« bezeichnet sich Alfred Herrhausen auch als »politisches Animal«, das laut Aktiengesetz verpflichet sei, »zum Wohle der Gesellschaft zu wirken«.

Viel Freude hat Alfred Herrhausen auch am Radfahren sowie an der Oper und an Konzerten.

Der »Wirtschaftswoche« dagegen entnimmt man, daß Alfred Herrhausen bei der Übernahme des Flick-Imperiums durch die DB auf die Aufnahmefähigkeit des Marktes und eine weiterhin starke Börse gesetzt habe. Einen Unsicherheitsfaktor für die DB beim Flick-Deal sehe er keinesfalls. Man fahre, so Alfred Herrhausen, hier wirklich ein Kontrastprogramm, nämlich Dezentralisierung statt Konzentration. Das Konzept sei optimal und schließe aus, daß neue Schachteln gebildet werden. Das Ganze sei auch ein Vertrauensbeweis in die geänderte Anlagephilosophie des Publikums. Es gebe genügend anlagebereites Kapital, und die DB setze darauf.

Deren Aufgabe, so Alfred Herrhausen im März 1985, sei es, Finanzprobleme zu lösen, nicht Marktprobleme.

Das Munzinger Archiv andererseits macht davon Erwähnung, daß auch das Bergwandern zu den bevorzugten Freizeitbeschäftigungen von Alfred Herrhausen gehöre. Außerdem zeichne er für zahlreiche Publikationen über Aktienrecht, Unternehmensführung und Energieversorgung verantwortlich.

Zudem soll Alfred Herrhausen laut »Spiegel« Mitautor der Regierungserklärung H. Kohls sein, speziell auch ihres sozialpolitischen Teils. »Es muß«, so Alfred Herrhausen 1983, »eine Rückverteilung zugunsten des in den vergangenen 13 Jahren entschieden zu kurz gekommenen Produktionsfaktors Kapital geben« (cit. nach »Spiegel« 13/83). Bei Alfred Herrhausen ist es so, daß er, so bestätigt uns das »Manager-Magazin«, als Verfechter der »Ein Mann an der Spitze«-Idee sich stärker als vorher Abs, Ulrich und Guth mehr als Denker und Politiker denn als Geschäftsfreund der Mächtigen in Industrie und Handel verstehe. Er pflege den Plausch mit Politikern lieber und treffe deshalb Kohl einmal monatlich. Der »Spiegel«: »Wann immer es wirtschaftspolitische Probleme gibt, ruft Kohl nach Herrhausen.« Kennengelernt hatte Alfred Herrhausen den Kanzler und mittlerweile Duzfreund über den österreichischen Publizisten Gerd Bacher im Urlaub. Nach Darstellung des Hamburger Nachrichtenmagazins sei Alfred Herrhausen allerdings heute vergrätzt, weil Kohl trotz aller Beratung einen Fehler nach dem anderen mache (40/85).

Alfred Herrhausen gilt vielen als erfahrener Sanierer und als im Sinne Poppers vorsichtig. Er sagt: »(Es ist) wohl keine Übertreibung zu sagen, daß der Wettbewerb in kaum einem Sektor so hart und intensiv ist wie im Kreditgewerbe.« Von der Lösbarkeit von Problemen ist er indessen überzeugt: »Sonst ist man zum Nichtstun verurteilt.« Es gehe, so Alfred Herrhausen, im Fall Flick um breite Vermögensbildung bei möglichst vielen Interessenten. Die DB, so Alfred Herrhausen zur »Wirtschaftswoche« (51/85), habe im übrigen noch nie eine Börseneinführung gemacht, hinter der sie nicht reinen Gewissens stehen könne.

Seltsamerweise steht Alfred Herrhausen im deutschen Prominentenlexikon nicht zwischen Hans Hermsdorf und Jobst Herrmann; sondern fehlt gänzlich.

Folgt man dem »Manager-Magazin«, so raucht er nicht, trinkt nicht und liest »am liebsten philosophische Bücher«.

Doch, der Dr. Alfred Herrhausen muß ein sehr-sehr guter Mann sein.

SUHRKAMP

Unser Kulturtragendster

Wolfgang Hildesheimer: »Ein großer Verleger, ein großer Mann!« – Heinz Politzer in der FAZ: »Eine stürmische Eroberernatur.« Die »Süddeutsche«: »Ein Patriarch von aussterbendem Selbstverständnis.« Und: »Ein Optimist.«

Tatsache: Der so einsatzwillige wie besonnen-besonnte Blick über die runtergerutschte Brille, der oft heilsbotschaftsmäßig weit aufgerissene Mund, der Prügel von einem Körperrumpf: Genau so stellt man sich in seinen einleuchtendsten Träumen einen großen schöngeistigen Verleger vor.

Was will er? Siegfried Unseld (Der Autor und sein Verleger, 1978) will »Energien bewegen« und trägt »mit Haut und Haaren« die »intellektuelle wie auch die materielle Verantwortung« für seinen Verlag. Ihn, den Verleger, habe man sich als eine Mischung aus »literarischer Hebamme, Analytiker, Geschäftsmann und Mäzen« zu denken, irgendwie auch als »Pferd«. Der Verleger fördere auch in Zeiten »revolutionärer Technologien«, die er allenfalls als Hilfsmittel anerkenne, die gedruckte Literatur und wolle dabei »dem Publikum neue Werte aufzwängen« (er meint: aufzwingen), und zwar solche, »die es nicht will«. Gerade dies sei »die wichtigste und schönste Mission des Verlegers« im Zuge seiner »janusköpfigen Tätigkeit« (ebd.). Wenn allerdings z. B. ein Dieter E. Zimmer meine, es sei »dieser Rollenkonflikt kaum auszuhalten«, dann sei er für ihn, Unseld, letztlich kein Problem.

Wie wird man ein großer Verleger?

Unseld: »Samuel Fischer wurde es nicht an seiner Wiege gesungen, daß er einmal Verleger und so ein großer Verleger werden würde.« So auch S. Unseld nicht. Er war zuerst Hermann-Hesse-Dr., dann trug er's sieben Jahre als Peter Suhrkamps Verkaufschef, 1959 ward er Verlagsleiter des Hauses. Freilich: »Auch Peter Suhrkamp war seine verlegerische Lebensaufgabe nicht an der Wiege gesungen worden.« Wichtig also: der große Verleger sei auch ein Mann der poetischen Metapher.

Was zeichnet den großen Verleger aus? Er ist ein behender, agiler Mensch; Programmatiker und Pragmatiker zugleich:

Mit Hermann Broch proklamiert er die »Radikalität der Mitte« und ein andermal den »Mut zum Kompromiß«. Denn »er muß nun einmal Geist mit Geschäft verbinden«.

Bei einem Abend mit dem Bundeskanzler Schmidt und pfeifenrauchenden Suhrkamp-Autoren findet er launig eröffnende Worte. Anläßlich der Schmidt-Preis-Verleihung an W. Koeppen übernimmt er für den verlegenen Preisträger die Weinbestellung (»Der da ist Grand Crü, der ist gut, den nehmen wir«), um im Fortgang mit einer Tischrede über Goethes Verhältnis zu seinem Verleger Cotta zu funkeln. Er definiert die »Suhrkamp-Kultur« und speziell die Reihe edition suhrkamp als »Speerspitze« gegenwärtiger deutscher Aufklärung, die jetzt auch – Unseld: »Für Ideen gibt es keine Grenzen« – im Rahmen einer »Europäischen Bibliothek« prägend europäisch werden soll: Lebenskrönung im Schaffen des 62jährigen Ulmers, die vorerst noch nicht recht vorwärtsgeht und ihm trotzdem schon den Imperialismusverdacht des Kollegen Ledig-Rowohlt eintrug: »Europa reicht uns nicht, wir wollen die ganze Welt« (Spiegel 41/85).

Ersatzweise aber landet der große Verleger einen anderen staunlichen Coup: Synchron zur Formierung seines jüngsten Kindes, des »Deutschen Klassiker Verlags«, eines Suhrkamp-Inselschen Tochterunternehmens speziell für zahlwillige Zahnärzte, verschafft er 1985 dem

Herausgeber der Tieck-Ausgabe, Manfred Frank, eine von ihm bezahlte Bloch-Professur in Tübingen; fraglos ein Novum in der deutschen Geistesgeschichte.

Der große Verleger ist ein humanistischer, ja ein universaler Mann:

In der FAZ deutet er Goethes Gedicht »Gegenwart«: »Welch ein Meister!« Mit ihm, Unseld, teile er die Vorliebe für das »Tanzen und (das) Sich-Regen der Gestirne«.

Mit T. S. Eliot vermag er seinen Verlegerberuf zu definieren: »Organisation is necessary as well as imagination.« Als Tänzer im Englischen setzt er noch eins drauf anläßlich seines unübertrefflichen Auftritts beim internationalen Joyce-Symposium in Zürich, wo King Siegfried beim hochoffiziellen Aperitif der Stadt, in einem noblen Zunfthaus und eingebettet zwischen noch noblere und subtilere Filologen, plötzlich entschlossen in die Hände klatscht und schörmen-inglisch dergestalt losfetzt: »Ei äm Siegfried Unseld and on bihalf of Suhrkamp Verlag ei leik to welcome ju end inweit ju oll to Frankfort for jur next mieting!« Sein Englisch, hört man, soll aber noch seraphisch sich ausnehmen im Vergleich zu seinem Französisch, dem er indessen gleichfalls, weilt er in La Belle France, ungeniert und volle Pulle den Lauf läßt – zwischenrein aber teilt der große Verleger wieder der deutschen Presse mit, »mein Freund Sam Beckett« habe ihn dazu angeregt, die Wollschlägersche Neuübertragung des »Ulysses« zu wagen – macht nichts, wenn der Lektor Klaus Reichert, der's in Wahrheit war, direkt neben ihm steht und zusammenzuckt.

Sein »engster Freund« ist Martin Walser, scheuklappen- und schadlos aber promotort der Robert-Walser-fernste aller lebenden Menschen vor ausgesuchten Frankfurter Buchhändlern auch diesen schon halbvergessenen Walser mit dem bekannten Hesse-Zitat von der Verbesserung der

Welt; das er dabei so oft in die Welt hinein trompetet, daß man fast von Walsers Wiederkunft Abstand nehmen möchte. Im Ernst verlangt er etwa gleichzeitig von eher erfolgsarmen Suhrkamp-Autoren, sie möchten bitteschön doch auch Theaterstücke à la Handke und Th. Bernhard schreiben. Auf Dutzenden von Vernissagen schmettert der Verleger atemraubende Laudatien zugunsten der Griffelversuche von Insel-Nachwuchszeichnerinnen, die ihrerseits nichts gegens Griffeln haben. Und daß der große Verleger, liebend gern flankiert von schönen Debutantinnen und verheerend talentlosen Dilettantinnen, auch, dem Imagezwang gehorchend, ein neidenswert regsamer Hallodri ist, weiß man spätestens aus dem Fragebogen des »FAZ-Magazins«, für welchen er die Frage nach der Lieblingsbeschäftigung so brechtisch-cool wie sam-beckettisch-quietschfidel dahingehend parierte: Skifahren sei die drittschönste.

Doch, der große Verleger ist auch ein gewandter, ja spitzfindiger Kopf. Z. B. als virtuoser Aphoristiker: »Das Äußere eines Buchs ist eine Äußerung seines Inneren.« Zuweilen macht er sich daran, Th. Bernhards Briefe (an ihn?) öffentlich als »kalte Verzweiflung« zu deuten – um dann wiederum den Sinn allen Büchermachens freihändig mit F. Kafka so zu definieren: »Ein Buch muß die Axt sein für das gefrorene Meer in uns« (Die Aufgaben des literarischen Verlegers). Auch wenn das Ganze zwei Sätze vorher noch weniger bedrohlich kafkaisch klingt: »Ich möchte Bücher machen, die Spaß bereiten.« Einmal in wahnsinnig gewordener Fahrt und im Zuge einer Zitatbrühe ohnegleichen erklärt er sich sein Verlegeramt auch noch mit einer ästhetischen Bestimmung seines Verlagsautors Adorno: »Einzig durchs Seiende hindurch transzendiert Kunst zum Nichtseienden« – und bummsti kommentiert der große Verleger: »Solche Literatur zu verlegen scheint mir ein erstrebenswertes Ziel zu sein.«

Manchmal aber auch andere, gemütvollere. Im Zuge eines legendären Privatdrucks aus dem Jahr 1968 für die Freunde des Hauses macht Unseld mit der autobiografischen Novelle ›Abfahrt‹ auf sich auch als Erzähler aufmerksam: hochkarätige und grazilste Unternehmerprosa über eine Skiabfahrt, welche ihn, Unseld, von der Piste am Arlberg (»Skifahren ist doch herrlich«) abgeraten, dann aber doch im Schneesturm (»Ihn durchzuckte das Wort Schneestaub. Und Lawinentod. Dann denkt er: ausweglos.«) die mythisch einsame Hütte (»Rilke denkt er, strahlende Kerzenkunst«) finden läßt; welche ihn der geistigen Welt bewahrt, ehe diese ihn mit Lawinenhunden und Scheinwerfern o. s. ä. triumphal wieder in unsere und seine rechtmäßige Mitte plaziert –

– ja, und wenn ihm zwischendurch schon gar nichts Gescheites mehr einfällt, so immer noch eine Reihe »Verständigungstexte« sowie ein »Weißes Programm«; auch dies mit irgendwelchen Frisch- und Brecht-Klamotten geistlich zementiert.

Daß er allerdings mit »Aldi« sales-promotionmäßig kooperiere: dies böse Gerücht ist nicht wahr. Das haben nur die bösen Buben aus der Berliner Bamberger Straße in einer tollen satirischen Buchmessen-Aktion 1981 wahrgesprochen.

Denn in eben diesem Strudel tiefster Suhrkamp-Dialektik von Geist und Geld, Status quo und Utopie rudert Unseld kraftvoll und routiniert seit mindestens den 68er Jahren, als er mit Brecht und Bloch und Benjamin einerseits immer emphatischer die Revolution ausrief, andererseits aber doch auf dem Boden skisportlicher Gemütlichkeit bleiben wollte: »Solche Prozesse«, so der Ulmer, »muß ein zeitgenössischer Verlag in sich reflektieren.« Mit anderen Worten: »Sie (die Buchhändler) wollen verkaufen, ich will verkaufen.« Noch schöner – und dafür möchte man ihn umarmen – hat der große Verleger die entsprechende hochhegelische Synthese anläßlich der Feierlichkeiten zum 25jährigen Verlegerjubiläum gerafft: Wenn das Wort des Verlags-Spitzenautors Adorno recht habe: »Es gibt kein richtiges Leben im falschen« – dann freilich müsse auch die Umkehrung messerscharf gelten: »Es gibt kein falsches Leben im richtigen.« Nämlich, ergänze, im Hause Suhrkamp.

»Welche antikische Schamlosigkeit!« (R. Gernhardt, Glück Glanz Ruhm). Tusch!

Der nicht müde wird, den fadesten aller Diskurse der Gegenwart, die Antithese von Kunst und Kommerz, in Reden und Aufsätzen und immer sub specie pro domo so lange hin und wider zu wälzen, bis das Fazit paßt: Im Zweifelsfall steht er dann schon auch mal für die ragendste Lüge des Kulturbetriebs nach 1945 bolzengerade – und gelegentlich wünschte man sich durchaus, der eigene Verleger hätte auch ein paar Gramm von dem strahlend chuzpiös fuhrwerkenden Lärm- und Dröhn- und Spruchbeutel-Charisma dieses Frankfurter Kulturbannerträgers abgekriegt.

Der dafür u. a. das Bundesverdienstkreuz trägt, die Goethe-Plakette der Stadt, den Ricarda-Huch-Preis und Ehrendoktorhüte der Universitäten von St. Louis und Frankfurt. Der Präsident der letzteren gratuliert ihm außerdem 1984 ob seiner »Verdienste« um die neue »Sinnstiftung durch das Medium Buch« – ja, »es ist schon eine reinrassige Schande, das Getriebe der Herren Verleger; die sich untereinander gern ›Hegemeister des Geistes‹ titulieren« (Arno Schmidt, Herder) – ach Gott nein, nicht nur untereinander.

Siegfried Unseld, mit seinem Doktorarbeitshelden H.

Hesse zu sprechen: »Mein Leben sollte ein Transzendieren, ein Schreiten von Stufe zu Stufe sein.«

Kurz: amor intellectualis.

Eine aussterbende Rasse? Diese »Mixtur aus Öl und Draht, Schläue und Blödheit« (so ein Verleger-Kollege) als der reinen Definition und Darstellung des politischen Menschen? Die ihm, dem großen Verleger, allenfalls noch einer nachmacht, Reich-Ranicki, mit dem er auch den Kopfstatus des Unliterarischen, Unempfindlichen schlechthin teilt und die Röhre sowieso – und der ihm zum 60. Geburtstag deshalb auch logisch »Wollust am Buch« attestiert. Nun, im Verlag gibt es zwar ein Kronprinzen-Duo, den Sohn und Kafka-Kenner Joachim und den Verkaufschef Dr. Honnefelder – also »dreifach genäht!« freut sich Unseld schon 1983 und möchte freilich seinerseits noch keineswegs »nur Hintergrundfigur« sein. Aber fast kann's der Verkaufschef-Nachfolger Gottfried Honnefelder schon besser als der Alte. Ihm dirigiert er nicht nur zum 60. einen Verlags-Chorsatz »Im Schatten junger Linden« – er betreut den neuen Stützpfeiler des Hauses in der Lindenstraße, die Klassiker-Bibliothek, theoretisch so: »Auch das reine Kaufen, ohne die Absicht zu lesen, ist durchaus ehrenwert!«

Walt's Brecht, ein Ton, der aufhorchen läßt.

Noch aber hat der große Verleger etliches zu erledigen, vor allem die europäische Buchidee als Vermächtnis sicherzustellen. Unselds vorerst letzter, etwas widerwilliger Knallcoup dagegen steht schon: Ab sofort ist auch Karl Kraus Hausautor, jener also, der wohl um Unseld und »das Reclamebedürfnis speculativer Verleger« schon in der 112. Fackel gewußt hat – aber ist doch scheißwurscht, dafür ist in Kraus' bisherigem Stammverlag, Kösel, der Pfarrer Sommerauer jetzt Hausautor.

Gottseidank, noch ist wenigstens F. Kafka kein Suhrkamp-Mann. Aber er wird's noch. Garantiert. Und die Rechte am Dr. Benn, um die er schon einmal heiß und vergeblich gebalzt hat, die kriegt der große Verleger eines Tags auch noch. Dafür hat er umgekehrt vor drei Jahren seinen bedeutendsten lebenden Autor, Ror Wolf, wie eine leider kalte und deshalb unverkäufliche Kartoffel ohne Wimperzucken fallen lassen.

Ein Verleger, wie er in der Buchhaltung steht. Wer ihn einmal, des heißen Sommerabends, zur Stunde, da die Schweißtropfen immer noch perlender, die Verkaufsbilanzen im Hirn aber stetig verschwimmender werden, vollkommen geschafft, aber noch immer mitnichten geschlagen, leicht verstörten Blicks, aber knallhart kantig kreativen Kohlenhändlerkopfs und, wiewohl vornübergekrümmt, schwer dynamisch durch den Zürcher Hauptbahnhof schlurfen sah; der wird ihn so leicht nicht, aber doch gern vergessen.

Halunke No. 1: Zwerenz, Gerhard

Zum folgenden Text über ihn in der »Titanic« 6/1983 schickte G. Zwerenz am 8. 6. 1983 dem Blatt eine Gegendarstellung in neun Punkten, die in der übernächsten »Titanic«-Nummer veröffentlicht wurde und die im Verein mit einem analogen »Widerruf« auch dem jetzigen Wiederabdruck des Artikels vorangeschickt hätte werden sollen; auch, um Lesern diese Zusatzinformation bzw. Relativierungsmöglichkeit zu verschaffen.

Dies ist, wie sich herausstellte, aus Copyright- und anderen juristischen Gründen nicht möglich. Wäre nur möglich gewesen, wenn Zwerenz zu dieser Präsentation sein Placet gegeben hätte; was er so nicht tat.

Verlag und Autor sehen sich deshalb zu der alternativen Lösung veranlaßt, Zwerenzens seinerzeitiger Gegendarstellung samt Widerrufs-Forderung insoweit Rechnung zu tragen, als hier im Buch sämtliche von Zwerenz monierten bzw. bestrittenen Text-Passagen bzw. Vokabeln geschwärzt erscheinen; natürlich ohne daß derart schon der einen oder anderen Seite recht gegeben wäre.

Sollte der Text in der Folge des Eingriffs da und dort etwas schwer verständlich werden, so sei der Leser um Nachsicht gebeten. Und ihm empfohlen, sich an dem so entstandenen Irisieren des Fragments schadlos zu halten.

E. H.

Traxler 86

»... aber es wäre thöricht, sich von der Zurechtweisung aufdringlicher Erscheinungen durch das Bedenken abhalten zu lassen, daß man ihnen neuerlich ›Reklame‹ macht.«

(Karl Kraus, Die Fackel, 80/32)

Dies soll ein Wort sein; wider die eigenen Anfechtungen. Denn einerseits hat keiner die reziproke Version des Krausschen Satzes so wohl kapiert wie Gerhard Zwerenz: daß Ganoventaten und -figuren halt doch immer wieder zum Diskurs und also zur sei's negativen Reklame reizen. Und andererseits ist zu dem Manne »eigentlich« seit gut zehn Jahren nichts mehr zu sagen als das alte Wahre: daß Gauner Gauner bleibt. Und doch wird dieses Alte ewig neu; es hat was Atemberaubendes; fast Wunderbares.

Es gibt Leute (und ich zähle zu ihnen), die nach 26 Jahren Zwerenz-Präsenz in der BRD sogar den Namen »Zwerenz« für nicht koscher halten – für Schwindel oder zumindest ein Pseudonym. Denn irgendwo hat es ein äußert Schlüssiges, daß einer, dessen Existenz sich von Beginn an und so gut wie exklusiv der Reklame, der krähenden Eigen-PR durch dick und dumm, dankt, die Gelegenheit sich nicht entgehen läßt, in Lexiken, Anthologien, Registern, nicht zuletzt auf den berühmten Unterschriftslisten unserer deutschen Unterschriftsteller den allweil plakativen Schluß zu zieren; ahnend zu Recht und vielleicht 1957 schon – denn diese Art Ahnungen ist auch die einzige, über die der Dichter Zwerenz je gebot –, daß solch unübersehbares Schlußlichtdasein abermals für die PR und mithin für den Buchabsatz gut sein könnte, ja müßte!

Und diese Vermutung, selbst noch das gut und sozialistisch scharf-attackisch klingende »Zwerenz« sei gelogen, erhält jetzt erstaunliche Nahrung; dazu gleich mehr.

Stephan Hermlin hat Zwerenz im Vorjahr einen »[redacted]« genannt. Es gab für den so kenntlich Gemachten im wünschenswerten Umfang damals viel Zeitungshektik, Entrüstung, Proteste. Ob Hermlin, der Spezielles und allerdings sogar juristisch Relevantes im Sinn hatte, wußte, wie richtig er insgesamt mit seinem Befund lag, wurde nicht ganz klar – wer (wie ich) seit 15 Jahren passioniert, dann wieder enerviert, amüsiert, konsterniert, zwischendurch ennuyiert, am Ende aber doch immer wieder perplex die wuchernden Untaten des angebl. G. Zwerenz in den Kopf sich sickern läßt, diese wöchentlichen Katarakte an [redacted], Infamien, Peinlichkeiten, Dümmlichkeiten in nimmermüder Folge: der weiß, wovon er redet, und der weiß zweitens, daß da die Kategorie des Kriminellen andererseits schon wieder transzendiert ist.

Die mental-moralische Selbstpreisgabe des Gerhard Zwerenz steht in der deutschen Literaturgeschichte seit den Merseburger Anfängen ohne Vergleich. Nur allzu wenige haben es im Lauf der Zeit mitgekriegt: »Stilblütensammlung, Anbiederung, Selbstheroisierung«, entdeckte die FAZ 1979 anläßlich der Zwerenzschen exklusiv auf die eigene Wichtigmacherei hin zusammengeschmierten Tucholsky-Biografie; und ähnliches, schärfer in der Attacke, brachte Peter Iden schon 1974 in der »Frankfurter Rundschau« zum Ausdruck: Dieses Ekel, dessen »Verhältnis zu jeder Art von Realität fast völlig zerstört ist« und das sich wohl auch vor sich selbst ekle, täte gut daran, uns mit seiner penetranten Impotenz für eine Weile zu verschonen.

Geholfen hat es nichts, im Gegenteil. Das damals schon füllige Paket Schwindeleien, Verdrehungen, Bauernfängereien, Volksverdummungen, meist in Form abenteuerlichen »Links«- und Engagement-Geblökes, hat sich inzwischen, von der sprachlichen Unbedarftheit Zwerenz' und deren Fortschreiten zu schweigen, zu etlichen Lastwagenladungen ausgewachsen. Zuletzt in der Gestalt einer wahrhaft nekrophilen und rücksichtslos lügenden [redacted]; sowie in der Abfassung von zwei bis drei »[redacted]« monatlich(!), heruntergewichst für die sublimen Verlagshäuser Goldmann und Moewig; gehaltlich knapp und stilistisch deutlich unter den Werken des Alois Brummer rangierend – lesen Sie ruhig mal in eine der Schmierferkeleien rein: Das sollte Ihr Beitrag zum »Zwerenz-Jahr« 1983 sein, das der Goldmann-Verlag groß angekündigt und schnell wieder vergessen hat. Kant, in seiner Anthropologie, schied die Menschen nach Genie, Kopf und Pinsel; Zwerenz ist nicht mal das letztere; wie sich bald herausstellt, hat er auch von den intendierten Schweinösitäten keine rechte Ahnung mehr ...

Auch einem Experten (wie mir) ist noch immer etwas schleierhaft, ob dergleichen Niedergang bloßer Geistesschwäche entspringt, dem puren törichten Gelderwerbstrieb gehorcht, ob da ein sich von den erhofften Bestsellerwonnen immer weiter entfernendes Rumpelstilzchen ganz harmlos tabula rasa macht – oder ob das ganze Geschmeiß an Prosa und Tittengier doch vielmehr auf einen Test hinausläuft: wie weit einer in dieser westlich permissiven Literaturgesellschaft es treiben kann, ohne daß diese sich, was sie sonst so gern tut, betroffen fühlt. Denn schlimm fürwahr, daß offenbar selbst die Kollegen und die Kritik noch immer mehrheitlich nicht wissen noch ahnen, welche Dimension von Dreck und Dreckspatzengesinnung hier am Werken und Wühlen und Walken ist; all diese Literaturredaktionen und Informationsdistributoren, die ein ahnungsloses Publikum zu warnen immerhin bestellt wären –: über den armseligen Zwerenz hinaus wäre auch nützlich zu fragen, ob dies Abstauberische, auch dies proletenhafte Parvenugehabe, das sich mit Erfolg und zu allem Überfluß auch noch konstant als sozialistisch geriert, nicht eben doch etwas durchaus DDR-Signifikantes habe (ich bin da ganz sicher) –

– indessen: die Ahnungslosigkeit im Verein mit der Witterungsunfähigkeit unserer Großkulturaufpasser hat auch ihr Segensreiches, Fruchtzeugendes. Denn gewissermaßen unvermerkt erlangte der Niedergang der Person Zwerenz seit etwa 1973 über alles Windige und Kotzbrockige hinaus ein Stadium der Reife, dem eine Art negativer Dignität schwer abzusprechen ist; hätten die professionellen Beobachter einigermaßen achtgegeben, nimmermehr hätte dieser hervorragende BRD-Immigrant seine Gaunerstückchen so ungescheut inszenieren können.

Ob er da (ich rekapituliere aus dem Gedächtnis eine Minderheit alter Aventüren:) ohne jede Befugnis 1974 im ZDF [redacted] wider die Frankfurter Polizei loslegt; ob er mit einem wunderbar dämlichen Georg-Büchner-Einakter sich selbst im gleichen Jahr eine Art Anti-Büchnerpreis verleiht, weil er den richtigen nicht gekriegt hat; ob er, im gleichen Zusammenhang, fordert (derlei meist via dpa, er muß dort einen Spezi haben, der jeden Stiefel abdruckt): dieser Büchnerpreis habe künftig in Offenbach verliehen zu werden, weil Offenbach im Gegensatz zu Darmstadt »Arbeiterstadt«(!) sei; ob er sich ohne den mindesten [redacted] in der leichtgläubigen »Frankfurter Rundschau« ebenfalls noch 1974 (seine Klimax an Gaunereien) als neuer »psychologischer Berater« der Offenbacher Kickers [redacted] und diesem »gebeutelten, unterprivilegierten Bundesligaverein«(!!) mit einem Fußball-Hintergrundsroman ein Denkmal zu setzen verspricht, nämlich den ersten wirklichen Fußballroman der deutschen Literatur (diese mehrfache Lüge blieb Gott sei Dank unrealisiert); ob er, wieder über dpa, den Schmarren in die Welt setzt, er werde ab sofort alle Fassbinder-Drehbücher im nachhinein zu Romanen umarbeiten (auch dieser PR-Unfug: unrealisiert und längst vergessen); ob er öffentlich verkündet, er nehme nie Literaturpreise an, sie seien ihm zu odios – und dies, obgleich er vierzehn Tage vorher einen besonders obszönen klaglos einstrich; ob er in seinem Frankfurt-Roman den damaligen OB Arndt dummenhascherisch als authentische Figur einführt und zugleich alle damit verbundenen Lügen als romanliche Fiktionen glorifiziert; ob er seine (angeblichen) [redacted]-Intimitäten der unnachprüfbarsten Spezies ausgerechnet einen Monat nach dem Zeitpunkt austratscht, da dieser sich nicht mehr wehren kann; ob er dabei den Schwachsinn verhökert, die bürgerliche Presse habe [redacted] ermor –

– genug. Die Frechdumpfdümmlichkeiten dieses Schriftstellers gewannen immer forcierter die Qualität des Erlauchten, streifen oft das Erhabene, ja Paradiesische. Alles ist erlaubt, wenn man nur laut genug kräht und grunzt und furzt – noch haben viele von uns dieses dezidierten Antifaschisten Anti-[redacted] in Aug und Ohr: »[redacted]!« Mal ganz davon abgesehen, daß [redacted] am Ende vielleicht doch noch eine Idee humaner und appetitlicher sein könnte als ein sozialistisch eingefärbter Klumpen aus Rotz, Schleim und kalten Bauern: Es ist schwer zu beweisen, ich halte aber jede Wette, daß Zwerenz fünf Stunden vor seiner Fernsehshow noch keine Ahnung hatte, wer oder was [redacted] ist; auch heute weiß er es noch nicht, woher auch.

Es hat schon etwas Gebenedeites.

Trotzdem würde, natürlich, Ekel vor einem solchen Werk und einem solchen Manne dominieren, jenseits aller

Humanität und jenseits aller Gut- und Böse-Ambivalenzen: verfügte der Arge nicht über eine Schamlosigkeitspotenz, die selbst hartgesottene Fachleute (wie mich) immer wieder warm stimmt, die kriminogenen Energien Zwerenzens ins abermals Sublime rückt:

Schon immer operierte unser Mann gern mit seiner DDR-Vergangenheit, seiner Biografie: dem Studium bei Bloch, der proletarisch (»Arbeiter, der unter die Intellektuellen gefallen ist«) vorzeigbaren Kupferschmiedlehre zumal. Sehen wir davon ab, daß Zwerenz nicht länger Kupferschmied war, als jeder zweite »Intellektuelle« während der Semesterferien Bauhilfsarbeiter: Neuerdings ist auch diese (noch viel zu wenig überprüfte) DDR-Abstammung stark ins Zwielicht geraten, unsicherer geworden. Zwerenz' jüngstes Romanwerk »Venus auf dem Vulkan«(!) nämlich beginnt nicht nur mit dem erschütternden Satz: »Den Winter von Stalingrad, die Zeit der totentanzenden«(!!) »Monate von Herbst 1942 bis Frühjahr 1943, verbrachte ich in Utrecht.« Derselbe Roman macht nicht nur in seiner »Vorrede« die frappante Ankündigung, er, Zwerenz, spiele mit dem Gedanken, später, »möglichst nach meinem Tode«, mit seinen eigentlichen Schriften herauszurücken, nachdem alle Werke bisher nur in quasi von der inneren Zensur erlaubten Editionen vorlägen – so nämlich habe ihm einst sein Freund Robert Neumann geraten (wieder ein Toter, der sich nimmer wehren kann), denn: »Mehr als zweitausend Jahre Zensur lasteten auf unseren Herzen . . . Indessen ist der Busch überall«(!!!) – und dreimal dürfen Sie raten, welcher teuflische Plan da dem Gerhard Zwerenz vorschwebt, jetzt, da vielleicht seine Kraft zum Erfinden neuer Bücher am Schwinden ist – –

– indessen: herziger noch als diese neueste mattschimmernde Zwerenzsche PR-Wunderwaffe überrascht uns eine zweite und doppelte, der Vita auf dem Buchrücken anvertraute: Erstmals nach mehr als 50 Büchern teilt uns der Autor auch seinen »Aufenthalt in Tbc-Sanatorien« mit (ich werde nächstens auch meine Blinddarmoperation von 1949 einrücken!) – und noch eine weitere suggestiv-linke Botschaft feiert da schallend Premiere: Zwerenz hat den Geburtsort gewechselt! Stand bisher allzeit und überall das vogtländische »Gablenz« für unseres Mannes Wiege gerade, so ist es diesmal die (festhalten!) – »sächsische Textilarbeiterstadt Crimmitschau«. Sächsisch! Textil! Arbeiter! Crimm(!)it! Schau! Aber ja! Aber natürlich! Das klingt doch weißgott viel schärfer und proletarischer und PR-stählerner als das nichtigkleine Gablenz – und diesen neuen Achttausender an Zwerenzscher Obskurität wollen wir denn hiermit erst mal laut und hingerissen feiern. Crimmitrauschauwem! Heureka!

Ist weitere Steigerung denkbar? Möglich. Der Name »Zwerenz« – ob er, nochmals, wirklich so ganz wahr ist? Allgemeine Bedenken entbehren neuerdings nicht mehr ganz der realen Grundlage. Ein französischer Verlag preist derzeit ein Werk an namens »Lettre ouverte aux malbaisants« – zu Deutsch etwa: »Offener Brief an Männer, die schlecht ficken.« Als Autor aber figuriert ein echt gallischer Name: »Gérard Zwang.« Gérard. Zwang. Hm. Mahnt er nicht wahrhaft herzzerknitternd, dieser Name? Sollte – könnte – möchte –? Jaaah, das Thema würde passen – indessen –? Ich möchte diese Abrechnung mit einem Anliegen beschließen. Nämlich meine mit der französischen Buchkultur vertrauten Leser bitten, der Sache behutsam nachzugehen. Sollte sich mein Verdacht erhärten: 20 Flaschen Schampus stehen schon im Kühlfach. Und nur vom Besten. Zu Gérards Lob. Zu Zwangens Zwangsversteigerung. Zu aller Halunken Ehre. Evviva!

H. v. Nußbaum

Halunke No. 2: Nussbaum, Heinrich von

»In Deutschland läuft vielfach das Engagement auf Geblök hinaus, auf das, was alle sagen oder wenigstens latent alle gern hören möchten.« *(Adorno)*

Meine ersten Berührungen mit dem Journalisten Heinrich (zuweilen auch: Henrich) von Nußbaum waren zwar recht konfusionierender und unleugbar schräger Art; aber ich muß, um nicht mißverstanden oder verklagt zu werden, den Titel »Drei glorreiche Halunken« hier doch vorab modifizieren: »Halunke« im fast wohlwollenden Sinne des Western sicher ja, auch im Sinne von Spitzbüberei und intellektueller Halbwelt – im Sinne des justiziabel »Kriminellen« sicher nein. Kurz, ich will von einer höchst ominösen, merkwürdig schattenhaften und dabei doch springlebendigen zeitgenössischen Person erzählen, von einer exemplarisch »linken« Figur wohl auch, die breiteres Interesse verdient, als es der Zufall ihr bisher zugefügt hat. Und, um auch das gleich klarzustellen: Ich berichte fast ausschließlich aus der persönlichen Erinnerung, schreibe hier sozusagen meine privaten Nußbaum-Memoiren – ich finde das schöner als die Vorstellung, stramm journalistisch in Archiven zu wühlen, um ein objektiv abgewogenes Bild eines – ach was, ich sehe partout nicht ein, warum bei der Darstellung von so viel Unkorrektheiten und Unreinlichkeiten ausgerechnet ich gar zu reinlich vorgehen soll; und im übrigen funktioniert mein Gedächtnis noch immer 1a.

Meine erste Konfrontation mit dem Namen und dann mit der Person Heinrich von Nußbaum war dreifach, verwirrend und deshalb, wie ich im nachhinein meine, schon geradezu klassisch. Es war im Oktober 1969, ich war gerade drei Tage »pardon«-Redakteur und hörte dabei, ohnehin verstört, in äußerst turbulenter Weise andauernd den Namen HvN auf mich eindröhnen; und zwar gleich in drei Zusammenhängen:

1. war gerade ein Artikel über linke Verlagsmodelle in »pardon« erschienen, u. a. über einen Eklat in einem gerade neu gegründeten »Autorensyndikats«-Verlag, einer, wenn ich es recht erinnere, links-sozialistischen GmbH, die alle scheinsozialistisch-reformkapitalistische Konkurrenz (Heine, Verlag der Autoren u. a.) weit in den Schatten stellte, deren Geschäftsführer HvN der Presse allerdings recht unscharfe Angaben gemacht haben sollte. Und zwar in dem Sinne, daß z. B. Suhrkamps Peter Weiß zum »Syndikat« gestoßen sei, was HvN dem Artikel nach eine Ohrfeige von Peter Weiß eintrug und die Charakterisierung von Bernward Vesper, man kenne ja Herrn von Nußbaums »lyrisches Verhältnis zur Wahrheit«. Genug, dieser Syndikatsverlag, nicht zu verwechseln mit dem bestehenden gleichen Namens, ging dann wohl auch bald danach zugrunde – für mich weiter vital blieb HvN, und zwar:

2. im Zusammenhang eines Interviews mit dem damals führenden rechtsreaktionären »Deutschlandmagazin«-Kopf Kurt Ziesel, das HvN fürs eher liberalkapitalistische »pardon« getätigt hatte und das auch schon erschienen war; das aber insofern die größten Kalamitäten nach sich zog, als Nußbaum übers Honorar hinaus 5000 Mark Spesen begehrte: Soviel habe nämlich die in höchster Eile erforderliche Taxifahrt von Ziesels Sitz am Chiemsee zur Stuttgarter Druckerei gekostet . . .

3. aber und völlig simultan fiel der Name HvN zunehmend und toujours aus dem Munde meines neuen »par-

don«-Kollegen R., der in Frankfurt eine Wohnung suchte, dabei wohl auf die auch ihm noch unvertraute Ebene HvN geriet – und das Fazit war, vereinfacht gesagt, dieses, daß HvN vom neuen »pardon«-Mann eine Kaution kassieren wollte, die ihm nicht zustand – so jedenfalls der laut schimpfende und verwegen drohende Kollege R.

Der pure oder höhere Zufall fügte es, daß R. und ich schon 14 Tage später mit HvN erneut ins Benehmen kamen, – diesmal nach den Sektoren Linksverlage, Anti-Neonazismus und Maklerei erstaunlicherweise auf dem Feld des linken Katholizismus. Es gab damals, 1969, ein tapferes linkes Sektiererblättchen namens »Kritischer Katholizismus«, das nicht nur dem Papst scharf ans Leder wollte, sondern auch allen Ernstes ausgerechnet im Dunstkreis der Cattolica einen scharf sozialistisch-revolutionären Kurs steuerte, eine Art Kombination aus Herbert Marcuse und den »Theologie der Revolution«-Lehren des Münsteraner Professors Metz nachmals Küngscher Prägung; und siehe, abermals sollte mir, der ich mit R. einen »pardon«-Report über linkschristliche Bewegungen schreiben mußte, dabei HvN führend über den Weg laufen – ja, im nachhinein kam dabei die lang- und nach- und stichhaltigste Begegnung heraus, die mir bisher vergönnt sein sollte.

Bald und nicht ohne frohe Genugtuung hatten wir dem Impressum des »Kritischen Katholizismus« entnommen, daß auch hier HvN mit von der Partie, nämlich einer der acht Herausgeber war. Schon eine Woche später brachen R. und ich auf zu einer Art Wochenend-Symposion der Kritischen Katholiken auf einer Burg bei Lohr am Main – ein Gespräch war mit uns vereinbart worden – der erste aber, der uns auf dem nachtschimmernden Burghof über den Weg lief, war, bleich und düster strähnenhaarig, HvN, uns sogleich bedeutend, daß aus dem Plausch nichts werde, er kenne unsere Tricks, außerdem habe er von »pardon« die Nase voll, nämlich noch 5000 Mark zu kriegen und . . .

Vor dem Gruppenforum kam's dann zu einem fast dramatischen Moment, als HvN, fraglos einer der besten und bewunderungswürdigsten Druckreif-Rhetoren der Republik, abermals mit größter Eloquenz dafür votierte, uns das Interview nicht zu geben: der reiche »pardon«-Verleger Nikel, so HvN in etwa, wolle nur über die Scheinsympathie mit linkskritischen Bewegungen noch mehr absahnen – womit HvN, durchaus kein dummer Kopf, natürlich ziemlich recht hatte.

Jetzt kam's zu spannenden Momenten zwischen den beiden »pardon«-Leuten und den kritischen Papstmännern, die uns insgesamt recht wohlgesonnen waren und meiner Erinnerung nach in mehreren Abstimmungen dafür plädierten, daß wir a) beim Symposion zuhören durften und b) das Interview kriegten, worauf HvN protestierend den Raum verließ, dann sofort wiederkam und eine schriftliche Vorlage unserer Fragen verlangte – sowie am nächsten Tag sehr nachdrücklich eine Erhöhung des vereinbarten Informationshonorars von 500 auf 1000 Mark; was dann meines Wissens auch bewilligt und natürlich gegen den Hl. Vater verwendet wurde.

Gleichwohl lohnten die Co-Herausgeber des linkskatholischen Bochumer Blatts HvN sein pekuniäres Engagement sehr schlecht.

Zwei Jahre später war es wohl, als vor dem Landgericht in Frankfurt eine merkwürdige Verhandlung anstand, die Kollege R. und ich höchst neugierig besuchten: Kritischer Katholizismus contra HvN. Und zwar war die Gazette mittlerweile an den Pahl-Rugenstein-Verlag übergegangen – und bei der Gelegenheit hatten die Herausgeber und der Verlag offenbar die Möglichkeit genutzt, sich HvNs zu entledigen, ihn aus dem Herausgebergremium zu bugsieren – wogegen nun der Betroffene gerichtlich Widerstand formierte, freilich nicht die mindeste Chance gehabt hätte, wäre ihm nicht im Verlauf der Verhandlung der schiere Zufall zu Hilfe gekommen: Es hatten bei der Neuwahl der Editoren die acht bisherigen je vier Stimmen zu vergeben, beim Zählen waren aber statt der derart erwartbaren 32 Stimmen nur 31 bzw. 29 zusammengekommen – ach ja, und dann kam als weitere Unstimmigkeit dazu, daß etliche telefonisch gewählt hatten, was satzungsmäßig wohl nicht erlaubt war. Schön zu beobachten, wie der bis dahin sehr geknickte HvN stante pede wieder auferstand – und als dann nach knapp zwei Stunden Stimmauszählungsrekapitulationsunfug eine Schriftführerin ihr Recht auf ein Mittagessen anmahnte, ergriff HvN das Regiment sofort und glanzvoll donnernd dergestalt: Hier stehe das Schicksal unterdrückter Christen in der Dritten Welt zur Verhandlung – aber eine deutsche Justizbeamtin müsse ja Mittagessen gehen, – und dies sei ja wohl äußerst signifikant für die Ignoranz der deutschen Justiz insgesamt.

Jetzt aber kam es zu einer fast rührenden Szene, im Verlaufe welcher der Vorsitzende Richter deutlich überfordert und gramreich fast wie Pfarrer Sommerauer etwa so zu jammern anfing: »Meine Herren, ich bin ein alter Mann, ich verstehe das alles nicht mehr: Einerseits geht es also um einen Verlag und um Christentum, andererseits um Sozialismus, und dann sind da 28 oder 29 Herausgeber, die einen sind für den Papst, die anderen gegen ihn . . .« Usw., nach welcher etwas konfusen Konfession HvN freilich noch mehr Oberwasser kriegte und, ganz Ecce Homo, weiter das Unverständnis der deutschen Justiz angesichts emanzipativer Theologie geißelte und frisch von der Leber weg immer frecher schwadronierte:

Er könne auch schon deshalb nicht aus dem Herausgebergremium gewählt werden, weil er a) der einzige gelernte Journalist sei und b) einen Großteil seiner Existenz in dieses Amt investiert habe – und immer unverfrorener erklärte schließlich HvN, mit seinem Ausscheiden würden c) die Interessen der unterdrückten Christen in der Dritten Welt, in Spanien und »vor allem in der DDR« (daran erinnere ich mich genau) nicht mehr genügend wahrgenommen. Ob man sich denn gar nicht irgendwie einigen könne, wollte Richter Ratlos entnervt wissen, im Sinne eines Vergleichs? Worauf HvN herzerfrischend kurzentschlossen die Katze aus dem Sack ließ und dartat (ich habe es mit eigenen Ohren gehört): Für eine Abfindung von 10 000 Mark sei er notfalls und schweren Herzens bereit, auf die Interessenvertretung der Christen in Südamerika, im Baskenland und vor allem in der DDR freiwillig zu verzichten.

Was aus der vertagten Verhandlung und dem Kritischen Katholizismus geworden ist, habe ich nie mehr erfahren – indessen, beim nächsten Mal schimmerte mir der inzwischen schon fast wieder vergessene Name HvN aus einer ganz anderen Ecke hervor: Er sprang mir entgegen aus Karin Strucks Roman »Klassenliebe«, das könnte 1973 gewesen sein – die Verfasserin teilt da, auf S. 50 etwa, im Zusammenhang der gerade im Schwange befindlichen »Arbeiterliteratur«-Bewegung sinngemäß mit: Sie nehme an einer Diskussion zum Thema »Literatur der Arbeitswelt« teil und höre dort HvN reden – sie renne aufs nächste Symposion »Proletarische Literatur« (o. s. ä.) und komme erneut HvNs unverkennbar dröhnender Eloquenz nicht aus.

Nun, ähnlich muß es seinerzeit HvN auch mit K. Struck ergangen sein – Apartheit gewinnt die Information aber vor allem daraus, daß HvN, wie ich erst viel später erfuhr, schon vor 1968 für die Interessen einer ganz anders gearteten Literatur focht; nämlich für die der sog. »Literaturproduzenten«, einer neo-linken, eher elitär-avantgardistischen Bewegung vor dem Hintergrund des Walter Benjaminschen neuen Kunstbegriffs, einer Bewegung, die freilich außer Bewegung und Fürzen nichts hervorgebracht hat als schwerste Intellektuellendämmerung und jedenfalls nichts Proletarisches.

Von wieder neuer Seite freilich lernte ich HvN dann 1975/76 kennen und schätzen: Als der Trend langsam von den Arbeitern weg auf die Natur hin sich verlagerte, war auch mein Wegbegleiter Nußbaum mit von der Ökologie-Bewegung; wenn ich es recht erinnere, war es eine Besprechung in der FAZ, die mich drauf aufmerksam machte, daß ein Buch aus der Feder von HvN dem Club of Rome linksökologisch die Leviten las – und damit hatte ich definitiv kapiert, daß HvN (da hatte also sogar Strucks Karin mal was Richtiges erkannt) der weitaus schnellste, fintenreichste, variabelste und einsatzfähigste Linke in der Bundesrepublik war und ist; irgendwie Hase und Igel zugleich.

Sicher, der HvN zugrunde liegende Typus des (vielleicht sogar von der jeweiligen Sache überzeugten) literarischen Opportunisten, des Fähnlein-nach-dem-Wind-Hissers, ist kein rarer – es gibt ihn in den schönsten Schattierungen. Die Skala reicht da von den atemberaubenden linken Bauernfängereien eines G. Zwerenz, die schon im letzten Heft geehrt wurden, bis zum Funktionärscharakter Bernt Engelmann, dem allzeit der gute Zweck (der Strauß-Verhinderung) die oft kaum mehr koscheren Mittel und das noch üblere Deutsch heiligen muß; der Typus kommt vor als Volksaufklärer, etwa in Gestalt der breit sich spreizenden SPD- und zugleich Anti-SPD-Betriebsnudel Staeck, dem zwei-drei verdienstvolle Arbeiten den großen Rest von sich selbst plagiierender Schaumschlägerei legitimieren müssen; und er schließt noch ein Figuren wie jenen »stern«-Reporter Jürgen Serke, der zwar irgendwie mehr für Schlafzimmer-Kolportagen und Goodwilltouren aller Art zuständig ist, dem aber die Hitler-Chose gerade recht kam, um über einen sog. »Offenen Brief« an den Verleger die lächerlichste aller lästig-linken Flaggen zu entrollen.

In diesem Panorama nimmt sich ein HvN schon fast wieder vorteilhaft aus – sicher, unser Gemütshaushalt lebt ja auch stark von Halbstarken und Halbwelt, und es soll auch nicht in Abrede gestellt werden, daß irreguläre Herrschaften wie HvN nahezu erfrischende Figuren sind, verglichen etwa mit ewigen Tuguten wie den unvermeidlichen Günters Grass und Kunert. Zeitgeister wie HvN – wenn sie zu wenig gut sind, dann immerhin zu allerlei Überraschungen, freilich fast kalkulierbaren – und so verblüffte es denn nur mäßig, Nußbaum um 1977 herum in die Gilde der Film- und Fernsehkritiker hinübergewechselt zu sehen – und zwar schrieb unser Mann jetzt auf einmal aparterweise TV-Kritiken fürs Großkapital der FAZ sowie, gleichfalls nicht unapart, für Luthers Fraktion, den Evangelischen Pressedienst EPD – und in dieser Eigenschaft hatte es denn auch vor zwei-drei Jahren wieder einmal ein höchst genußvolles Nußbaum-Erlebnis für mich: Ich liege auf dem Sofa, döse mich nach 23 Uhr in eine gewaltig tranige Reportage über die Mainzer Tage der Fernsehkritik (o. s. ä.) hinein, denke gerade dran, wie nett es doch wäre, jetzt wieder einmal den alten Freund aus kritisch-katholisch-ökologischen Tagen zu sehen und zu hören – und schon reckt wer das düster-charismatisch-unverwüstliche Strähnenhaupt kühn in die erfreut zusammenzuckenden Kameras? Jawohl, es ist in alter Frische und Frappanz losschnarrend unser HvN, was mich natürlich so euphorisierte, daß ich den Sinn der Rede beim besten Willen nicht auch noch begreifen konnte. Ein Plädoyer für kritische Konsumption und Reflexion im Telezeitalter war es aber sicher.

Trotzdem und trotz aller Vitalität, fast ein bißchen still wurde es die letzten Jahre über um HvN schon. Sicher, gern vernahm ich von der Kollegin E., sie habe sich mächtig gefuchst, als bei einem der Frankfurter Römerberggespräche ausgerechnet Altgenosse HvN neben ihr gesessen, Schuhe und Socken provokant ausgezogen und andauernd in Herrn Illichs Vortrag über Kulturzerstörung hineingequatscht habe. Oder mich erreicht von der »Titanic« die erstaunliche Mitteilung, HvN habe sich nicht nur vergeblich als Mitarbeiter angedient – er gebe, aus unerfindlichen Gründen, in dieser Nichteigenschaft und im »Titanic«-Konferenzzimmer auch Rundfunktanten Interviews zu freilich nichts weniger als zur Satire, obskur, obskur – freilich, der ganz große neue Hammer an Unverzagt- und Unverschämtheit fehlte mir doch sehr – und so war es denn vor einem Vierteljahr nahezu beglückend für mich, HvN endlich wieder in einer ragenden, tragenden und noch dazu nagelneuen Rolle aus dem Nebel auftauchen zu sehen, mitten hinein und hinauf auf jene Bretter, die die Welt bedeuten – in einer neuen und doch so wunderbar ewig alten Charge, daß – aber ich muß noch etwas weiter ausholen:

Das Frankfurter Theater resp. seine Gast-Regisseure wie Neuenfels und Ruth Berghaus sowie sein Chefdramaturg Zehelein sind zwar seit zehn Jahren für jeden alert progressistischen Stiefel gut und stehen für jeden provinziell postpubertären Schmarren gerade, sofern er nur verschmockt genug daherkommt –: indessen, diese Dramaturgie kann neuerdings und zu allem Unglück auch noch darauf insistieren, daß ihr der gleichfalls fortschrittsbesessene deutsche Theaterkritikerverein (o. s. ä.) jetzt auch noch pharisäisch genug eine Goldmedaille (o. s. ä.) für den gesammelten Unflat gestiftet hat. Gleichwohl war's den Traditions-Besuchern der Volksbühne kürzlich zu viel des Dümmlichen, sie begehrten auf gegen den läufigen Regietheater-Terror, und dies mit gar nicht den schlechtesten Argumenten – es kam zu einer öffentlichen Diskussion zwischen den Parteien Theaterdirektor und Publikum – und wer, entnehme ich der »Frankfurter Theaterzeitung«, führte als Moderator Oberregie? Richtig, und worauf verwies HvN dabei goldrichtig? Genau darauf, daß er hier als »Repräsentant der arbeitenden Bevölkerung« agiere – und dieser nämlich, soweit ich den Bericht verstanden habe, diene das Frankfurter Theater, und wer das nicht einsehe, der knüpfe an den übelsten Teil der deutschen Geschichte – na, wer sagt's denn. Und wer könnte es schöner sagen.

Und seither warte ich natürlich auf die erste Regiearbeit des HvN aus dem Geist des katholisch-FAZ-kritisch-grünen Radikal- und Syndikatstheaters – indessen, wieder einmal kommt es anders, wenn auch nicht sehr anders: Eine Frankfurter Nachwuchsfilmerin berichtete meinem Kollegen B., sie plane ein größeres sozialkritisches Werk, dabei auch ein sehr privates, ja, alles sei noch reichlich unklar – ein Mitarbeiter, der den scheiternden Intellektuellen als Hauptdarsteller geben solle, aber stehe immerhin schon fest: ein gewisser Henrich von . . .

Postscript zur Neuausgabe:

Nicht sei im nachhinein die Nachricht aus Leserkreisen, speziell aus leidtragenden, unterschlagen: Daß HvN es selbstverständlich auch nicht verschmähte noch es sich versagte, am 1. 4. 1973 auch noch der Deutschen Afrika-Gesellschaft seine Dienste anzutragen und sich in ein von ihm selber zur Mitgliederversammlung »im Fluge« (Protokoll) vorgeschlagenes vierköpfiges Ausschuß-Gremium wählen zu lassen – was nicht klappte; worauf HvN sich auch schon wieder aus den Arbeitszusammenhängen verlor und zurückzog.

Halunke No. 3: Herhaus, Ernst

»Denn es ist alles eitel.«
(Prediger Salomo, Cap. 3)

»Alles ist gemein an den Menschen. In den Köpfen ist nichts als die Gewinnsucht und die Niedertracht zum Betrug.« (Thomas Bernhard)

Daß Schriftsteller zu zentralen Teilen ihrer Existenz Geschäftemacher, Abstauber, eitle Fatzkes sind, niemand weniger als Pegasus und Parnaß verpflichtet, sondern vielmehr und scheuklappenlos dem eigenen Prestige und Portemonnaie, ist soweit bekannt. Daß sie, statt über verhaute Metaphern und verschlampte Syntax nachzudenken, sich schwerpunktmäßig viel lieber mit aktuellen Auflagenziffern, allerlei Public-Relations-Tricks und nepotistischen Kritikerfreundschaften etc. pp. beschäftigen, das wissen Branchen-Insider sehr wohl und kommen oft gar nicht mal mehr auf die Idee, daß daran was Übles sein könnte. Man kann sich das alles gar nicht garstig, peinvoll, eklig genug vorstellen – : Den offenkundigen Mount Everest an transnarzißtischer Eigenliebe und Eigenhudelei aber plazierte dieser Tage der bekannte Romancier und Alkoholtheoretiker Ernst Herhaus.

Herhaus, der uns zuletzt mit einem dicken Buch-Triptychon über seine gelungene Lossagung vom Dämon Alkohol informierte und uns zwischendurch und in der Folge wöchentlich durchschnittlich einmal via Funk und Fernsehen mit gewaltig bellender Stimme beschwor, es ihm sofort gleichzutun, Herhaus hat für den Herbst 1983 wieder einen Roman angekündigt, der, wie man hören mußte, zuerst »Die Erbschaft« heißen sollte, zunächst in »Stettiners Entscheidung« umbenannt wurde, um endlich im Diogenes Verlag als »Der Wolfsmantel« zu erscheinen, vom Verleger dreist als »Der deutsche Roman des Jahres« angekündigt. Ein Roman, den zwar noch kaum jemand kennt, über den man aber schon Erstaunliches lesen kann, nämlich auf vier Schreibmaschinenseiten, die Ernst Herhaus selber zusammengestellt und dem Verlag angedient hat: zur Vorabinformation der Verlagsherren sowie jetzt schon interessierter Rezensenten; mir meinerseits haben ihn Mittelsmänner zugespielt, weil selbst ihnen, mit allen Wassern des Literaturkommerzes und der Person Ernst Herhaus Gewaschenen, die Sache fast unglaublich dünkte. Auf diesen vier »Erste Leserstimmen« genannten und mit Briefkopf »Ernst Herhaus« versehenen Seiten aber schreibt einleitend »Dr. Thomas Beckermann, Lektor bei S. Fischer, Frankfurt/M.«:

»Ich bin begeistert. Wie Sie fiktive Romangestalten mit authentischem Zeitgeschehen verschmelzen, ist phantastisch. Ich habe stets behauptet, man könne das nicht. Sie können es. Minutenlang sitze ich hier am Tisch, träume zwischen dem Lesen, verhalte mich ganz unjobmäßig.«

Ganz unjobmäßig verhält und verweilt sich auch der Leser der vier Herhausschen Schreibmaschinenblätter am Schreibtisch (denn dergleichen hat es vermutlich trotz Zwerenz und Co. noch nicht gegeben) – wenn er träumend weiter liest, ins Phantastische hinein, in die folgenden Zeilen von »Birgit Sybille Gathof, Medizinstudentin, München«:

»In letzter Zeit habe ich keinen besseren Roman gelesen. Am besten gefällt mir Margaret. Und am meisten fasziniert mich, wie nach und nach die Figuren zusammengeführt werden (19. 8. 1982).«

Das Unerhörte, hier wird's Ereignis, das Unbeschreibliche, hier wird's niedergeschrieben. Als nächster Meilenstein aber folgt bei der nach und nach faszinierenden Zusammenführung der Figuren die von »Jörg Schröder, Verleger, Herbstein«:

»So, wie er ist, ist dein Roman besser als alles, was jetzt rumliegt. Ohne Dir Honig ums Maul zu schmieren, muß ich sagen, daß alle die, die jetzt ihre weißen Programme machen, davon nicht mal träumen können, so gut ist der Roman (27. 9. 1982).«

Zur Information für Nichtfachleute: Schröder ist Verleger des März-Verlages, Herhaus half ihm einst bei der Abfassung des »Siegfried«-Buchs. Ein »Weißes Programm« editiert derzeit der Suhrkamp-Verlag, bei diesem war Herhaus einst angestellt, konnte den Verleger Unseld aber nicht von der Qualität seines Debutromans überzeugen und ließ ihn also anderswo verlegen. – Nach dem Schröderschen Kraft- und Geniebefund liegt jetzt das Dekret des »Dr. Max Looser, Übersetzer, Frankfurt/M.« rum; es geht so:

»Dieser Roman hat einen Sog. Weil seine Figuren durch die Erzählung in eine politische Konstellation und in zerstörerische Mächte geraten. Doch aus ihnen geht, zumindest bei Margaret, auch ein neues Bewußtsein hervor, Liebe. Endlich einmal kein Unterschied mehr zwischen Bewußtsein und Liebe!«

Was immer das Saudummes heißen mag: »Cati Patel, Hausfrau, Assenheim« ihrerseits teilt in der Folge mit:

»Eine Epoche, die in Clichés erstickt war, ist mir beim Lesen dieses Romans erstmals lebendig geworden.«

Dagegen stellt – Blatt 2 des »Erste Leser«-Papers – »Dr. Peter Patel, Managementberater, Assenheim« fest:

»Ein ausgezeichneter Roman, wirklich. Brillant die Erschaffung Jakobs in der Villa Colini. Dann hat mir weiter am besten gefallen die Entwicklung des Arztes Béla (9. 10. 1982).«

Auf die Details bei der brillanten Erschaffung Jakobs in der Villa Colini werden wir noch bis zur Buchmesse zuwarten müssen – es wird schwer werden, zumal bei der Ungeduld, in die uns das Urteil von »Karola Lupaszkoi-Hizden, Hausfrau, Frankfurt/M.« vom 10. 10. 1982 versetzt:

»Mir ist ganz unheimlich geworden beim Lesen. So harmlos fängt alles an. Und langsam frißt sich der Roman um den ganzen Erdball. Unheimlich wird das alles wegen deiner Sprache, die so völlig ruhig bleibt dabei. Mehr und mehr mitgenommen wurde ich von den Lebensläufen der unterschiedlichen Figuren und ihrem Zusammenprallen. Es liegt alles an deiner Art, zu erzählen. Ein Buch, in dem ich nie mehr aufhören möchte mit Lesen.«

Mehr und mehr mitgenommen vom Lesen von solchem Lob, gibt Ernst Herhaus endlich den Weg frei für »Elis Fuchs, Kunstmaler, Wien« und seine weitaus längste, fast Essay-Form erfüllende Vorabkritik:

»Kein Wien-Roman und auch kein Buch über die Nazizeit.«

Das hat zwar auch niemand behauptet, aber warum sollten derartige Charakterisierungen ex negativo nur dem darin meisterlichen Profi Reich-Ranicki und nicht auch einem Wiener Kunstmaler zustehen?

»Wäre es das, hätte ich den Roman bestimmt nicht gelesen. Dieser Roman ist einfach ein Genuß. Ein Genuß, weil alles hier Kunst ist. Das ist kein Machwerk, sondern ein Kunstwerk.«

Raubte ihm Verblendung die Sinne, als er derlei abtippte, der Romancier Herhaus? Spätestens hier reckt sich freilich auch die Frage, warum er, nun er sich schon mal auf die hirnvernagelte Idee des Erste-Leser-Papers kapriziert hat, den Schmarren nicht wenigstens gekürzt hat – indessen, wenn schon denn schon; es kommt ja erst noch:

»Ich bin ganz stolz auf mich, weil ich in zwei Tagen und Nächten eine gewaltige Leseleistung zustandegebracht habe: dieses Buch zu erleben! Und das verdank ich dir. Du kannst so schreiben, daß du wirklich jeden wieder zum Lesen bringen kannst, einfach jeden und, ganz sicher, viele zum ersten Mal.«

Er hatte anscheinend zu lange damit ausgesetzt, der Maler Fuchs – und vor allem die Neubesitzer eines Erstbuchs werden das Folgende scharf unterschreiben:

»Man ist schrecklich ärmer ohne dieses Buch. Ich fühlte diesen Schrecken mehrere Male, so leise und bestimmt: Wo irrten wir alle rum – ohne dieses Buch?«

Ja, wo? – aber fragen wir uns hier zwischendurch besser und erstmals ernsthaft: Was kann einen ehedem ja doch ambitioniert angetretenen Schriftsteller wie Herhaus veranlassen, derart unter jede halbzivilisierte Schamschwelle zu plumpsen? Literaturhaß? Angst? Realsatirische Absichten? Oder doch vielmehr der kleine violette Mann im Ohr, der da mit Elis Fuchs bestätigt:

»Dein Buch ist vollendet frei von jeder Beurteilung oder Verurteilung, weil du genau beschreibst und erzählst, welche Konsequenzen unsere Handlungen oder Unterlassungen gesetzmäßig nach sich ziehen. Weil es Gesetze im Universum gibt, denen jeder folgt und die du kennst.«

Es ist ja zwar immer wieder mal interessant und kenntnismehrend, was in den Fuchsköpfen unserer Wiener Kunstmaler Kreuzgesetzliches herumkraudert und das ohnehin nicht allzu helle Universum weiter schwer verdüstert; aber auch das Folgende dürfte Ernst Herhaus nicht ungern gehört haben:

»Weil du eine jede deiner Romangestalten in dir selber genau und lange genug angeschaut hast, alle Eigenheiten und Widersprüche eines jeden in diesem Buch. Weil du nichts einfach so weggedrückt hast. Darum gibt es auch nirgendwo diese kleinkarierte Art, anderen etwas einzutrichtern.«

Es sei denn, vier Schreibmaschinenseiten lang die dickste Selbstbeweihräucherung – aber was soll hier noch ironische Kommentierung des Textes angesichts des Inkommensurablen der Herhausschen PR-Idee und der nun Zeile für Zeile förmlich explodierenden Unsäglichkeit?

»Von allen Romangestalten hat Olga mich am tiefsten verunsichert.«

Denn: »Die brachte in mir alles, was ich bisher von mir glaubte, total zum Zusammensinken.«

Weil: »Die Olga mit Jakob bringt etwas in mir in Bewegung. In-mir-in-Bewegung-Sein ist mehr als Begeisterung, mehr als Gepacktsein, mehr als Mitgerissenwerden – es ist Leben. Trakl hat etwas in Bewegung gebracht in mir, als ich fünfzehn war. Jetzt bin ich vierunddreißig, und nun hat dein Roman etwas in Bewegung gebracht in mir. Das muß ich erst mal verdauen. Beim Lesen bin ich immer aufmerksamer geworden. Jede Figur in dem Roman sucht etwas. Der eine sucht Geld, der andere Nähe, der eine sucht Liebe, ein anderer sucht Schutz, jener sucht nach Bestätigung, dieser nach dem Tod. Letztlich sucht jeder in diesem Roman nach Gott, wurde mir im Lesen mehr und mehr zumute. Doch keiner wagte es, sich selber ganz zu begegnen, nicht einmal die Margaret riskierts ganz, obwohl sie doch unheimlich geradezu ist!

Jedoch die Olga und Jakob und der Salomon Stettiner, die riskieren es wirklich. Die setzen sich der Suche schließlich, irgendwann im Unheil, total aus. Von Liebe in Freiheit Gesetzte sind sie, alle drei. Und es sind auch die drei Romangestalten, die sich persönlich niemals begegnen. Aber sie begegnen sich selber.«

Usw., gezeichnet am 14. 10. 1982. Halten wir nochmals kurz inne – was geht hier vor? Ernst Herhaus, der sich einst kraftvoll selbst einredete, der neben Thomas Mann bedeutendste deutsche Autor des Jahrhunderts zu sein, fand seine Megalomanie offensichtlich seitens der Literaturkritik nicht hinreichend gewürdigt und ist, dem Zeitgeschmack folgend, auf die Dörfer gegangen. Läßt sich von noch größeren Dummis und Dumpfmeistern loben, als sie an den Redaktionsschreibtischen sitzen. Wann mag er sich den Wahnfug ausgedacht haben? Im Eiscafé in der Frankfurter Eschersheimer Straße, das rücksichtslos motorendonnernde Leben in den Ohren? Schon während der Romanabfassung? Bei seinen, so der Titel seines letzten Buches, »Gebeten aus der Gottesferne«?

Es gibt Autoren, und es hat klangreiche Namen drunter, die schreiben derlei Vorabwerbung den Kollegen für Geld. Herhaus' Stimmen-Kollektion dagegen hinterläßt bei aller PR-Geilerei einen eigentümlich idealistischen Eindruck, den einer riesiggroßen Belämmertheit, an die nicht einmal Geld mehr heranreicht . . . Was man einem Debutanten und Dilettanten allenfalls durchgehen läßt, das hilflose Streben nach Reklame durch wirkliche und vermeintliche Autoritäten: hier dynamisiert sich's zum stillen und wahrhaft suicidalen Amoklauf, dessen Triebimpulse man nicht mehr begreifen, bestenfalls erahnen kann: Muffensausen vor der allerdings tatsächlich zu allem fähigen deutschen Buchkritik? Die sozusagen proletarisch-avantgardistische Ersetzung der etablierten kritischen Instanzen durch noch unfähigere? Schierer Aktionszwang? Dementia relationae publicae oder so ähnlich? Die traklhaft gottsuchende Todessehnsucht nach noch mehr Dreck im Universum gemäß dem Bild und Gleichnis Wiener Maler?

Schwer zu raten; am Ende seiner Dokumentation jedenfalls wird Herhaus doch wieder schwach und zitert die Analyse einer topfachlichen Autorität, nämlich eines »Prof. Dr. Otto W. Johnston, Germanist, University of Florida, Gainesville/USA«, die nur den Nachteil hat, daß dieser Florida-Otto nicht mehr recht Deutsch kann und insofern neue Rätsel aufgibt:

»Vor einer Viertelstunde las ich diesen Roman zu Ende. Der Schüttelfrost läuft mir noch über den Rücken. Daß es, unter lauter verpaßten Chancen und im Rahmen einer nur leicht modifizierten Ordensregelung, einfach zu weitergeht, ist so überwältigend, daß mir vor Grauen schaudert. Der Geldmensch Barany als Held der modernen Mythenbildung – das verwandelt sich (. . .) in eine sublimierte und erregende Feststellung. Diese Feststellung aber ist nicht nur eine resignierte Abrechnung mit dieser früheren, gewalttätigen Epoche, sondern viel gewaltigere Aussagekraft freigesetzt. Wer nach dem Lesen dieses Romans kalt bleibt, hat weder von Literatur noch von der Tragik des einzelnen Menschen in der Historie die leiseste Ahnung (18. 12. 1982).«

Ja, wie gesagt, es schlössen sich hier eigentlich vielerlei sublimierte und erregende Feststellungen an sowie Fragen an die speziell amerikanische und nicht nur in früheren Epochen gewalttätige Germanistik vor dem Hintergrund der »Dallas«-Epik – aber auch näherliegende Fazit-Beschlüsse tun es ja fürs erste:

1. Ernst Herhaus hat es geschafft. Er hat erreicht, was ein Roman nur erreichen kann: Ich bin neugierig geworden und möchte im Herbst, Schauerfrösteln über den noch kalten Rücken jagend, genauer erfahren und im Lesen mehr und mehr zumute werden, wie Stettiners Olga Margaret gegenüber sich aus dem Zusammenprall zieht, wenn sie, den Gesetzen des Universums folgend, diese in allen Eigenheiten und Widersprüchen in-sich-in-Bewe-

gung-seiend riskiert, ohne daß gleichzeitig authentisches Zeitgeschehen und politische Konstellationen die Tragik des einzelnen Menschen bzw. das dreifache Mühlrad im Kopf – oder jedenfalls so ähnlich; aber wahrscheinlich will ich's lieber doch nicht wissen.

2. Möglich, daß Ernst Herhaus vor Jahren recht daran getan hat, von Flasche und Flachmann scharf zu lassen. Aber sehr wahrscheinlich schaden auf Dauer nicht nur zu viele Promille dem Kopf und dem Charakter; sondern ebenso tückisch wie der bekannte alkoholische Gehirnschwurbel mag schwurbelnde Hirnleere, eine Art schleichendes Delirium vacui tremendae maiestatis sich auswirken. Und zu einer selbst für deutsche Literaturbräuche übertriebenen Scham- und Gottesferne auswuchern.

Zu diesem Buch

Einerseits ärgert man sich zu Recht über Ärgernis gebende Menschen. Andererseits sind sie allesamt Kinder Gottes und sollen unsere Brüder sein. Einerseits möchte man mild, sanft, humanitär, solidarisch sich verhalten. Andererseits zwingen manche Figuren, öffentlich wirksame zumal, zu Härte, Unnachsichtigkeit. Einerseits darf man nicht zynisch sein. Andererseits mahnt die Existenz vieler jener Menschen als ein einziger, eitler und aggressiver Zynismus, der ihre Kritiker, stellvertretend für die zum schweigenden Erdulden verdammte Mehrheit, zur Kompensation per Gegenangriff treibt. Wohl sind die betreffenden Gestalten mit sich selbst genug geschlagen, und man wünschte ihnen das Heil durch Einkehr, Reue, Epiphanie. Aber freilich möchte man wiederum die Gestalten wenn schon nicht aus der Welt schaffen, denn die Welt wäre öder ohne sie, so doch als Zumutungen, die uns schon viel zu lange und hoffärtig auf den Geist gegangen sind, angewidert ad acta legen.

All diesen Zwiespaltmassierungen trägt das vorliegende Sammelwerk »Erledigte Fälle« Rechnung.

Die vereinigten Polemiken und Portraits erschienen zuerst annähernd im Monatsrhythmus zwischen Dezember 1984 und Oktober 1986 in der »Titanic«; die ideell verwandte Nachkollektion der »Drei glorreichen Halunken« ebenda schon im Sommer 1983.

Wären sie anderswo erschienen, sagen wir in der FAZ oder in der »Zeit«: Die Leser-Resonanz in Konsens und Dissens, ja Resistenz hätte zweifellos sehr anders getönt. Nicht zum wenigsten das Forum »Titanic« war es umgekehrt, das für einige recht spannende Autorenerfahrungen sorgte. Wie ständige Mitarbeiter seit der Gründung des Satire-Journals im Jahr 1979 zur Genüge wissen, rennt da Kritik, Polemik nach rechts fast immer offene Türen ein – solche nach links (oder was immer sich dafür hält) hat dagegen und trotz aller bisherigen didaktischen Übungen der Redaktion mit Blindheit, Unverstand, Vorwürfen bis hin zum Verrats-Verdikt zu rechnen. Dürfte der Blatt-Leser-Konsens beim »endgültigen Satiremagazin« insgesamt auf überschlägige 70 bis 90 Prozent sich belaufen; dürfte er, wenn es um rechte Galionsfiguren wie Brauchitsch oder Todenhöfer geht, auf 98,7 Prozent zuschreiten, einen Bereich also, der für ein auf Überraschung und Unabhängigkeit setzendes Blatt allemal gefährlich wird und den es als Lesererwartung natürlich möglichst oft unterlaufen sollte: So sieht die Sache in der Regel noch immer ganz anders aus, attackiert man, ernsthaft oder eher spielerisch, Linke; bzw. links, linksliberal oder friedenstiftend sich statuierende bzw. prostituierende Zeitvertreter von Sölle bis Bastian; und, vor allem, Hüsch.

So auch hier, in den »Erledigten Fällen«, deren in vielfacher Weise »wichtigster« deshalb als Person und Idealtypus Hüsch war und ist – es war zu erahnen. In ihm und im Typus sui generis kulminiert nicht nur sein wie seiner Anhänger »linkes« Unvermögen, genau zu sein respektive genau hinzuhören und hinzusehen; ganz offensichtlich wurde, so augenscheinlich sein allseitiges Unvermögen im Verein mit seiner deshalb fortschreitenden Verlogen- und Verschmocktheit sich selbanderweis immer atembeklemmender hochrankte, der Mann über die Jahre, Jahrzehnte hinweg als sakrosankt gehandelt, ohne auch nur mehr den Schimmer von Legitimation für sein benebeltes Tun und Dröhnen nachweisen zu müssen. Eben dies, dies monströse Exempel eines links klischierten Langmuts, der natürlich nicht allein ihn, sondern gleichermaßen etwa einen Biermann wie Wecker erträgt und hochhält, schien mir besonders darstellenswert, es darzustellen verdienstvoll. Letzter Auslöser für den Text war freilich mein persönlicher Ärger dergestalt, daß ich 1985/86 mündlich und schriftlich immer häufiger zu hören kriegte, Hüsch und ich seien verwandten Geblüts. Was nicht gar. Dem so dummen wie symptomatischen Großmißverständnis mußte, sollte Ärgeres vermieden werden, möglichst klartextscharf, und sei's auf Kosten der Ironie und der Meliter-in-modo-Feingestricktheit, entgegengewirkt werden; mit einer zweifelsfreien »Abrechnung«, vielleicht der einzigen wirklich eindimensionalen der »Erledigten«-Kollektion.

Um noch für einen Moment bei diesem wohl auch für Leser interessanten Thema zu verweilen: Erwartbar rüttelte der Hüsch-Text denn auch die meisten und lautesten Proteste wach. Ahnungslosigkeit wurde mir attestiert und Böswilligkeit; Killerinstinkte, gar Nazi-Methoden sagte mir – wie ähnlich zwei Jahre vorher ein NDR-Kommentator in der Folge meiner Zwerenz-Polemik – der Kolumnist der Berliner Zeitschrift »Tip« nach; mit einem Text wohlgemerkt, bei dem allein die Überschrift mit vier Sachfehlern prunkte. Und der Heidelberger Kabarettist Thomas C. Breuer schrieb, vermutlich stellvertrend für die ganze diffamierte Kleinkunstbranche, einen Brief, der sich mit einem einzigen Widerwort beschied: »Arschloch!«

Vielen, hörte ich gleichzeitig, war der Text lang überfällig aus der Seele gesprochen – bei den direkt und indirekt Gemeinten kitzelte er schärfsten Ingrimm hervor; ein ja durchaus plausibler polykausaler Vorgang. W. Schneyder, ein lärmiger und sehr unbedachter Mann, wies dem Autor mehrfach, brieflich und medial, Brotneid bzw. Neid auf Hüschens Ubiquität bzw. Neid auf Hüschens Fan-Gemeinden nach. Der recht denk- und schreibschwachen E. Heidenreich blieb es vorbehalten, ihm den dümmsten und verwirrtesten Brief zu schreiben, der mit »lieber Eckard Dingens« anhebt, worauf »Dingens« wieder durchgesäbelt und durch »Henscheid« ersetzt wurde, wonach die bekannte Entertainerin weit jenseits ihrer Verhältnisse ironisch wurde und mir, sofern ich mich weiter derart profilierte, Hoffnungen machte, eventuell in ihre weltberühmte TV-Talkshow vorprellen zu dürfen, Ziel und Ende jeden printmedial verdienten Satirikerlebens – ja mei, offensichtlich färbt der intime Umgang mit dem Hüsch-Umkreis auf gewisse Ganglien-Dingense eben doch stark ab. Denn auch der Zeichner Traxler kriegte von Deutschlands beliebtester Satirikerin ein paar Briefe, in welchen ihm die Verehrung aufgekündigt sowie zeichnerischer »Stürmer«-Stil nachgewiesen wurde – dem Rowohlt-Verlag aber verbot Heidenreich, Traxler weiterhin mit den Titelentwürfen für ihre Bücher zu beschäftigen. Was, recht bedacht, irgendwie auf Zensur hinausläuft. Na bitte, unsere weiblichen Satiriker sind nicht nur die arg- und kenntnis-, sondern wenigstens auch die scheuklappenlosesten.

Hüsch selber klagte später in einem Interview über diesen »Scheißartikel«, der auch ein »verbrecherischer« sei. Weil er nämlich, so der Tenor, die wünschenswerte Solidarität abwürge.

Richtig, mal davon abgesehen, daß der Artikel auch an die Bücherverbrennung, ans Judenpogrom und an den Archipel Gulag sowieso anknüpft: Genau darum, um diesen verheerenden, noch immer virulenten Linksmythos der Solidarität aller irgendwo irgendwie, und sei's noch so kommerzialisiert-spekulativ, Wohlmeinenden ging es ihm vor allem, um seine Bloßstellung war es dieser Polemik und manchen anderen der Serie zu tun; dieser viel mehr als um die Beschreibung und Entlarvung der ohnehin Reaktionären und Unsäglichen und Hoffnungsraubenden von Sommerauer bis

Friderichs und Genscher. Wobei, apropos, die leise Sympathie, die wider den damaligen kritischen Zeitgeist aus dem Artikel über Genscher heraustönt, heute deutlicher klingeln würde, schriebe ich den Text noch einmal. Der Mann ist doch viel geheimnis- und in der Folge trostreicher, als man damals dachte, und leider heute noch viele denken.

Aber solche Erkenntnis-Evolutionskurven wären ja ein eigenes Essaythema.

Aus Platzgründen wegfallen mußte im übrigen beim Zeitschriften-Abdruck des Hüsch-Textes ein kleiner Passus im Zusammenhang mit Dieter Hildebrandt, er ist in der Buchfassung wieder aufgenommen. Ansonsten erscheinen alle Texte, kleinere stilistische Besserungen nicht mitgerechnet, unverändert. Die Rinser-Kollektion wurde um eine nagelneue Dummbeutelei verlängert.

Noch einmal: Das Kratzen an »linken«, linksalternativen, grünalternativen Legenden, an dubiosen und im Zweifelsfall Gaunerfiguren erschien und erscheint mir nach der Idee der Serie nützlicher und reizvoller als der abermalige Nachweis, daß Geißler, Stoiber, Tandler Kryptofaschisten und Blödmänner seien – und im Fall Hüsch würde ich heute, bei vertieftem Wissen über ihn, sogar noch vehementer zulangen. Seien wir aufrichtig, Strauß, Kohl und Mischnick verströmen ab sofort im Regelfall wirklich nur noch eine Langeweile, die fast an Ennui grenzt – nein, Kritik z. B. an der eigenen Verwandtschafts-Bagage bringt viel mehr erotic drive – und dann hat unsereins natürlich auch seine jahrelang gehätschelten Knallchargen jenseits von Gut und Böse und in fortschreitend vollkommener Ambivalenz; Spezialfälle wie meinen unverbrüchlichen Spezialspezi Reich-Ranicki und meine Spezialtörin Rinser, Luise, Post Lochhausen bei Rom.

Es gab für die Serie eine ganze Batterie monate-, ja jahrelanger Top-Kandidaten, die als exemplarische Figuren und Unfiguren den Sprung ins Rampenlicht meiner Zuwendung fast ebenso gut hätten schaffen können wie er anderen vergönnt war. Lang- und Kurzzeit-Kandidaten waren u. a. Fellner (CSU), Waigel (CSU), Spranger (CSU), Austermann (CDU), Teltschik (CDU), Schröder (SPD), Kelly (Grüne) und, der neue Mann am Sternflathimmel, Bangemann (FDP). Bei dem schon vorgemerkten Grünen-Kultursprecher Paul Pauly nahm mir Hermann L. Gremliza in »konkret« die Arbeit ab, bei dem Bloch-Philosophen und Unseld-Schützling Manfred Frank war es Ulrich Greiner in der »Zeit« – der Zweitgenannte fand allerdings als Faselhans auch in Dietmar Kamper seinen noch größeren Meister. Konstantin Wecker kam mit einer »Titanic«-leserbrieflichen Verwarnung davon; die langfristig allzeit ins Auge gefaßten Werner Höfer und Dr. Franz Alt (Fernsehen) habe ich inzwischen in meiner »taz«-Kolumne »TV-Zombies« gewürdigt; den letzteren auch in den »Sudelblättern« des »Zeit-Magazins«.

Weiter standen lange auf der Warteliste der Prof. h. c. Joachim-Ernst Berendt (Jazz, Drittes Ohr) und Wolf Biermann (DDR), welchen beiden zahlreiche Leserwünsche galten; Horst Krüger, der im Bad-Homburg-Text kurz gestreift wurde, Horst Eberhard Richter (Betroffenheit), Margarete Mitscherlich (Schamanenwesen), Ingeborg Drewitz (ihre Damen- und Heroinendarstellung war in der Serie bereits durch H. Hamm-Brücher vertreten), Dr. Egon Müller (Klassiker-Ausgaben u. v. a.) sowie der seit Jahrzehnten gleichauf mit Hans Neuenfels (vgl. dazu meine Analyse in »Titanic« 5/81, wiederabgedruckt in »Frau Killermann greift ein« 1985) ärgste, ja tödlichste Theateresel der Gegenwart: Peter Zadek, über den ich aber einfach zu viel Material zusammengeschleppt hatte.

Gern hätte ich, offen gestanden, auch immer wieder mal Herbert Wehner (SPD) traktiert, einen Mann, der mir schon seit ca. 1967 als verblüffend dumm, deutsch und demokratiefeindlich auf den Magen geht. Allein die »Erledigten Fälle« kamen für ihn zu spät. Da war der von »Zeit« wie »Bild« wie FAZ frappierend gleich heftig Geliebte, der von Schmidt wie von Israel gleich gesalbte Onkelmythos der deutschen Sozialdemokratie schon zu sehr jenseits; und nach den bedrückenden Abläufen rund um das Terjung-Buch von 1986 zumal.

Zu den Kandidaten gehörte allzeit und akut auch der überschätzteste Schauspieler des Säkulums, B. Minetti, mitsamt seinem Stammautor Th. Bernhard; und mit Sicherheit, wäre sie noch am Leben, hätte E. Flickenschildt Berücksichtigung erfahren.

Selbstverständlich trudelte aus Leserkreisen auch immer wieder mal der Vorschlag ein, Eckhard Henscheid möge sich doch selber als Erledigten Fall nominieren; zwei Leser schickten schriftliche Ausführungen. Einfälle haben die Leute! Witz! Phantasie! Einfach bärenstark.

Beim Zwerenz-Text von 1983 (vgl. die Anmerkungen auf S. 169) gab es ein justizielles Nachspiel in Form einer Gegendarstellung, eines Widerrufs und einer Schadensersatzforderung über 20 000 DM zugunsten von – nun raten Sie mal; jawohl, richtig: – Amnesty International, ein Betrag, der dann auf symbolische 1000 DM reduziert wurde. Es gab ein journalistisches Nachspiel in Form eines Interviews zwischen Vater und Tochter Zwerenz in der vor nichts mehr zurückschreckenden und schon erwähnten Zeitschrift »Tip«, wobei Papi Zwerenz tapfer die töchterliche Frage beantwortete, warum der Mann, ich, so böse sei: Wütender »Haß und Neid«, sei es, so Zwerenz zu Catharina Z., was mich, den Argen, »zerreiße«; er, Zwerenz, habe beide mit eigenen Augen gesehen. Der Scharfäugige hat sich dann auch in einem bewundernswerten, nämlich vollends unglaublichen Buch namens »Schöne Niederlagen« mit einer brillanten satirischen Attacke, nämlich auf einen »Herrn Hirnscheiß«, an mir gerächt – dochdoch, er wird wirklich immer virtuoser und erhabener zugleich, und alles verstehen heißt abermals alles, aber auch alles verzeihen. Ich fürchte, das wird doch noch eines Tags in Freundschaft ausarten.

Ziemlich mißverstanden wurde insgesamt der Titel der »Erledigten Fälle«, dessen unüberhörbarer Doppelsinn sich natürlich mehr in Richtung aufs Ad-acta-Legen neigt denn umgekehrt aufs Erlegen, Töten. Das erledigen die Herrschaften via Lächerlichkeit schon meist an sich selber; und zudem kann man einen Großteil von ihnen – Unseld, Reich-Ranicki, Sommerauer – im Satireblatt mit leidlich 300 000 Lesern ja partout nicht gut erlegen. Noch wollte man. Die drei Letztgenannten etwa möchte man, wie gesagt, im karger werdenden Seelenhaushalt ja gar nicht missen.

Die Frauen-Proporz-Frage: Ich schätze, sie ist mit 4 von insgesamt 28 Nennungen mehr als galant gelöst. Natürlich, wenn man an die ganz besonders dummen, lästigen und widerwärtigen Frauen des Landes denkt, fallen einem zwischen Hamm-Brücher und Sölle noch ganz andere ein. Ich sage nur . . . Carolin Reiber! Uta Ranke-Heinemann? Nein, ahaaber: Sigi Harreis! Und – Annemarie Renger-Déodorée! Ach, es ist nicht leicht. Die einen sind schon gar *zu* doof, die anderen *zu* nichtig; und also immunisierend.

Der Buch- mehr noch als der Journal-Leser wird rasch erfassen, wie es mir bei den Portraits nicht allein um ein selektives Panoptikum, um ein Mixtum compositum gegenwärtig prangender Beton- und Krautköpfe im brandenden »Ocean von Niedertracht« (Karl Kraus, Die Fackel 131/18), im noch weiter anschwellenden »Ansturm der Gemeinheit« (ebd.) zu tun war; vorschwebte mir von

Beginn an auch eine möglichst farbenreiche Palette von Tonarten und Formen; bis hin, im Bad-Homburg-Text, zur Stilparodie der Prosa von Th. Bernhard, die freilich ihrerseits schon Parodie ist. Die Absicht wurde gerade in diesem Fall wenig gemerkt – und verstimmte doch: Dergestalt etwa, daß mir ein Übelwollender aus ausgerechnet Esslingen im Ernst »Neid und Frust« hinsichtlich der erwähnten Homburg-üblichen Mercedese vorhielt. Zu Recht; seit meiner Kindheit sehne ich mich nach einem.

Satire, insgesamt, ist kein dankbares Amt; personalisierte Polemik, sofern, woran ich allerdings fest glaube, diese Art von Systemkritik überhaupt und immer noch sinnig ist, als eine Grenzform von Satire das womöglich undankbarste. Die Mißverständnisse reichen da einander viele Hände, von der üblichen Neid- und Haß- und Mißgunstunterstellung bis zur immerhin besorgten Leseranfrage, warum eins denn z. B. seine Romanfiguren so mild, tolerant, human behandle; lebende Köpfe aber so »rabiat«, »gnadenlos«, »zynisch«. Die Bedeutungsfächerung des Wörtchens »zynisch« sollte ohnehin mal ein internationales Colloquium zu entfächern sich anstrengen – unabhängig davon dürfte, womit sich der Bogen zum Eingangsabsatz rückrundet, hier eins der gröbsten Laienmißverständnisse von Literatur inklusive Satire, Polemik usw. walten: Daß all die bösen Autorenaffektationen *auch* wesentlich Pose seien, nämlich: ein in Stilattitüde verwandelter Ekel, Ärger, Überdruß, Zorn, Nausée, – dies genau wird am allerwenigsten geahnt, selbst von geübteren Lesern selten. Gleichwohl sei solches Tun vom Bösen? Weichherzigen Menschen empfahl Kraus die Enthaltsamkeit von der Zeitungslektüre – mit anderen Worten: von der Gegenwart. Im Herzen, ergänzt von anderer Warte her Jean Paul, sei er heiß, mit der Feder kalt.

Insofern wären Satiriker und Polemiker weder, wie es oft heißt, verkappte Moralisten noch überhaupt besonders gut- oder aber bösartige Menschen. Sondern, bewußt und kalkuliert und mit vollem Risiko, Berufsopfer.

ECKHARD HENSCHEID, geboren am 14.9.1941 in Amberg/Oberpfalz, wollte ursprünglich Musiklehrer werden, studierte Publizistik und Germanistik in München, Magister Artium mit einer Arbeit über Gottfried Keller, war Journalist in Regensburg, Redakteur in Frankfurt; lebt seit 1971 als freier Schriftsteller alternierend in Frankfurt und Amberg; veröffentlichte 1973 – 1978 die Romantrilogie *Die Vollidioten; Geht in Ordung - sowieso - genau —; Die Mätresse des Bischofs.*

Bücher im Haffmans Verlag: *Roßmann, Roßmann...* (Drei Kafka-Geschichten, 1982) – *Wie Max Horkheimer einmal sogar Adorno hereinlegte* (Anekdoten über Fußball, Kritische Theorie, Hegel und Schach, 1983) – *Dolce Madonna Bionda* (Roman, 1983) – *Frau Killermann greift ein* (Erzählungen und Bagatellen, 1985) – *Helmut Kohl* (Biographie einer Jugend, 1985) – *Sudelblätter* (Aufzeichnungen, 1987) – *TV-Zombies* (Bilder und Charaktere, zusammen mit F.W.Bernstein, 1987) – *Wir standen an offenen Gräbern* (Nachrufe, 1988) – *Standardsituationen* (Fußballdramen, 1988) – *Kleine Trilogie der großen Zerwirrnis* (1988) – *Maria Schnee* (Eine Idylle, 1988) – *Die drei Müllerssöhne* (Märchen und Erzählungen, 1989) – *Was ist eigentlich der Herr Engholm für einer?* (Satiren und Glossen, 1989) – *Hoch lebe Erzbischof Paul Casimir Marcinkus!* (Satiren und Glossen, 1990) – *Da lacht das runde Leder* (Sämtliche Fußball-Anekdoten, 1990) – *Wie man eine Dame verräumt* (Satiren und Glossen, 1990) - *Erledigte Fälle* (Bilder deutscher Menschen. Mit 24 Porträtstudien von Hans Traxler, 1991).